旧約聖書の
物語解釈

川中　仁　編

LITHON

まえがき

聖書の読解には、大きく分けて聖書テキストを文学作品として読むいわゆる共時的アプローチと歴史資料として読むいわゆる通時的アプローチという二つの方法があります。これらの共時的アプローチと通時的アプローチの両者は、相互に補完的な役割をはたし、両者のいずれかが正しいとか優位にあるということではなく、両者とも聖書テキストへの正当なアプローチとみなされています。

さて、上智大学キリスト教文化研究所主催で毎年秋に開催されている聖書講座は、長年キリスト教諸派の先生方を超党派で講師にお招きするエキュメニカルな聖書の学びの場としての役割をはたしてきましたが、今回の講演では、「物語として読む旧約聖書」というテーマで、旧約聖書を文学作品として読む共時的アプローチをめぐってご講演いただきました。本書はその三人の超党派の先生方のご講演をまとめた講演集です。

水野隆一氏には、「アブラハム物語を読む」という題目でご講演いただきました。ご講演では、まず"just for fun"（楽しみのため）というやや刺激的な表現で、物語論にもとづく聖書テキストの読解を提案されます。そのうえで、従来の文学作品の歴史批判的な読み方とは区別された文芸批評的アプローチの立場から、「アブラハム物語」（創一二―一五章）を読み解かれます。文芸批評的なアプローチによれば、テキストの読解とは、あくまでもテキストと読者との間に生起する創造的な行為であって、それゆえテキストの客観的な読解なるものも客観的な意味なるものも存在しないとされます。このようにテキストの客観性ということに対して疑問を呈する立場にもとづき、聖書について唯一の正しい読み方を提示すべきであるという立場とは明確な一線を画しつつ、さまざまな読み方の可能性を提示することで対話へと招くことの意義を強調されます。

中村信博氏には、『『ダビデ王位継承物語』の深層――女性たちの悲劇と知恵をめぐって』という題目でご講演いただきました。ご講演では、「ダビデ王位継承物語（史）」（サム下九―二〇章、王上一―二章）をとりあげられます。「ダビデ宮廷物語」は、ダビデの物語として、「ダビデ台頭物語」（サム上一六14―サム下五25）とそれに続く「継承物語」で構成されているとみなされてきましたが、「継承物語」のもつ内容的な独立性に着目し、「継承物語」が歴史の暗部としてのダビデ王家の私事を描きだす虚構の物語であることを明らかにされます。そのうえで、「継承物語」が、単なる客観的な歴史的記述ではなく、歴史の現実の中に隠された神の働きを物語という文学類型のうちに構造化し、さらには登場人物自身をも語り手として機能させながら、歴史の深層に潜む神の働きについて読み手へと発信するものとなっているとされます。

月本昭男氏には、「旧約聖書における物語文学の構造と主題」という題目でご講演いただきました。ご講演では、旧約聖書学で「物語文学」とよばれるルツ記、ヨナ書、エステル記の三書をとりあげ、鍵語や鍵語句でもなく、また集中構造や枠構造などの文学単元でもなく、物語自体の構造に着目する物語の構造分析の立場から、A・J・クレマスの提唱する構造と主題が密接にかかわっているとする構造意味論が物語文学の三作品にも適用可能であることをしめされます。そのうえで、テキストには物語構造のみではとらえきれない思想的内容があることに着目することで物語論的研究の限界を指摘しつつ、物語論的研究は歴史批判的―思想史的研究によって補われなければならないとされます。

このように、旧約聖書を物語として読んでも、三人の講演者によって三者三様の旧約聖書の読み方が提案され、物語として旧約聖書を読むことに開かれているさまざまな可能性が提示されます。

いわゆるヘブライ語聖書は、ユダヤ教の聖典として、信仰共同体の中から生まれ、信仰共同体によって保たれてきた諸文書ということができるでしょう。キリスト者の共同体においても、聖書は、「神の言葉」として、信仰共同体によって担われてきた信仰の書、教会共同体によって担われてきた教会的な文書ととらえられてきました。さらに、ローマ・カトリック教会では、「教導職（magisterium）」が、使徒の時代から連綿と継承されてきた役務の担い手として、教会的な文書としての聖書の解釈についても最終的な責任を負っています。そのためか、ローマ・カトリック教会について、教会当局の一握りの限られた人びとが聖書解釈の権利を排他的に専有していると誤解されることがあります。しかしながら、教導職の権威は、常に教会全体の信仰に依拠しており、決して教会全体の信仰から切り離されたものではありません。したがって、聖書の読み方について最初から正解のようなものが決まっているということではありませんし、聖書の読み方が一握りの限られた人たちのみによって所有され、決定されるということではありません。二〇世紀後半にローマ・カトリック教会で開催された第二バチカン公会議で改めて注目されることとなった、初代教会以来の根本的なインスピレーションの一つは、教会の一人ひとりの成員のうちに働く聖霊の働きへの深い信頼ということでした。そのような聖霊論的な教会理解に立脚するとき、聖書テキストの読解とメッセージはまさに無限の可能性へと開かれたものとなります。

聖書テキストについて、ある特定の読み方にこだわったり、無理に正解を求めようとしたりすると、結局は聖書テキスト自体から発せられる豊かなメッセージに対して、心の眼と耳をふさぎ、閉ざしてしまうことになります。本講演集でも、物語として読む旧約聖書の読み方について、無理に正解を求めようとするのではなく、あえて開かれたものとすることによって、聖書の読み方に広がる豊かな可能性を提示することができればと願っています。

キリスト教文化研究所所長　川中　仁

旧約聖書の物語解釈

目次

アブラハム物語を読む

水野隆一

「物語として読む」

前提とすること

今回の全体のテーマには、「物語として読む旧約聖書」という副題が添えられています。「物語として読む」とは、誤解を恐れずに言えば、「小説と同じように読む」ということです。登場人物（「キャラクター」）に注目したり、あるいは、筋（「プロット」、「ストーリー」と呼ばれるもの）がどのように運ばれていくのかに注目したり、また、言葉遣いに注目したりするということです。この背後には、英語圏において、二〇世紀の初頭から、内在批評や新批評と呼ばれる、テクストそのものをどのように読み取るのかということについての研究があります。また、一九六〇年代からのフランスの構造主義の影響があって、どのように意味が伝わるのか、どのように物語はできているのかということについての研究が下地にあります。

私は、修士論文の時は、フランスの構造主義者、ロラン・バルトの方法でエリシャ物語を読むことをテーマとしました。そこから、物語として聖書のテクストを読むという、私の研究が始まりました。

物語論という学問の分野があります。現に存在している物語をどのように理解するか、物語がどのように組み立てられているかを解明しようとするのが物語論という学問分野で、非常に精緻な研究が行われています。例えば、ジャン・ルイ・スカ『聖書の物語論的読み方――新たな解釈へのアプローチ』では、物語論を旧約聖書に適用したらどのような研究ができるのかが書かれています。

これまでの、また、現在でも、文学研究の大きな流れは著者に関心を置くものです。著者がどのような状況の中で、どのように考えて、どのようなことを意図して、書いているか、それを読み取るのが読書の目的であると考えられていましたし、そのような考えは今も主流です。

それ以外の読み方があるのかと考えた方もあると思いますが、確かに、日本の学校教育では、小・中・高の一二年間、この考え方で国語の授業が行われています。このことを端的に示しているのが、定期試験や大学の入学試験での、「右の文章で著者が言いたかったことは何か。四〇字以内で答えよ。（句読点含む）」という問題です。著者の「言いたかったこと」を読み取るのが、文学作品を読む目的であるということ。そして、もう一つこの問題には、鍵となる考えがあります。それは、誰が読んでも同じ結論に至るはずだという前提があるのです。これが、一般的に考えられている「テクストを読む」ことです。

これに対して、物語論は、テクストそのものがどのように書かれているかに注目します。どのような言葉が使われているか、時間はどのように進んでいるか、出来事の時間と物語が語られている速度はどのように関係しているのかということなどが研究されています。また、登場人物はどのように描写されているのか、あるいは、描写されていないのか。

私は、少し違う観点を持っています。一般的な読書理解との相違からお話しすると、「著者」と考えられている存在は、私たちがテクストから読み取って再構成したもので、実際にその作品を書いた人とは違うと考えます。これは、文芸批評では一般的な考え方です。「想定される著者」あるいは「内在する著者」と、「実際の著者」とは違うとするのです。

これを若い人たちが分かりやすい比喩を使って説明すると、「Twitter のアカウントを二つ持っていて、それぞれのアカウントでは異なる人物として文章を書くということに似ています。彼らにとってはある意味当たり前ですので、この説明は分かってもらいやすいかと思います。

さらに、テクストに関してですが、テクストは客観的には存在しないというのが私の考えです。もちろん、書かれたもの、あるいは、印刷されたものは存在しますが、読まれなければ存在しないのと同じことです。読まれた瞬間に、読まれたテクストは私が読んだものなので、もはやそこには、「客観的なテクスト」は存在しない。同じ言葉を使っても、受け止め方は人によって異なるということを、私たちは日常生活で経験しますが、それと同じことがテクストを読む際にも起こっていると考えるのです。読者とテクストは、「読む」という行為で結びつくと言えます。私たちは、印刷された同じテクストを目の前には置いていても、読んでいるテクストは違うものなのです。私が教えている学部のある学生の表現を使うと、テクストと読者とが混じり合っているのが、文芸批評における私の研究方法の、一つの大きな特徴だということです。

　このような読みにおいて目的としないことがあります。一つは、テクストから信仰や教義、教理を導き出さないということ。聖書の研究者は同意してくださると思いますが、近代聖書学は、「教義学の婢《はしため》」であることを止めています。教義・教理を正当化するための「証拠」を聖書の中に見出す、このような読み方、解釈はしない。一旦は、聖書を読むこととキリスト教教義・教理を切り離しておきます。テクストと読者の関係で述べたように、クリスチャンで、プロテスタントの牧師である（私のような）読者が読むと、自然とこの両者が関係することは避けられないのですが、自覚的に切り離しておきます。

二つ目は、近代聖書学が目指してきた、古代イスラエルの歴史・社会・宗教を再構成して、それに基づいてテクストを読むという、今も聖書学の主流である、歴史的・批判的な読み方をしないということです。

では、何のために読むのでしょうか。私の教える学生からも反発がありますが、私は、"just for fun"（楽しみのため）と答えます。今は絶版で手に入りませんが、教文館から出されている「聖書の研究シリーズ」の中に、D・ロバートソン『文学としての聖書』という本があります。ロバートソンは、「（ここに提示したような方法で聖書を読むのは）そうしたいからだ」と言い切っています。また、ロラン・バルトも「テクストの快楽」という言葉を使っています。それがまず出発点です。そこで終わるとは言いませんが、今私は、このテクストを面白く読んでいる――"fun"は「面白おかしく」という意味だけではなく、知的な興奮も含まれますし、理解が進んでいくという喜びもあります、それらを含めて"just for fun"で読んでよいのではないかと思います。

語り手と読者

「語り手」は、登場人物の中で、ある意味最も重要な登場人物です。語り手は、物語を創造する存在です。登場人物やプロットは、語り手によって操られています。従って、物語の中で「全知全能」であるのは語り手だけです。もちろん、実際には、そうでない物語も存在しますので、こういうタイプの語り手を「全知全能の語り手」と分類します。

私たちは、小説にしても物語にしても、語り手の存在にあまり気づかずに読んでいます。しかし、物語を動かしている語り手という、見えない存在を可視化する方法があります。カトリックの典礼で、枝の主日や聖金曜日に、語り手の部分を読む「福音史家」と呼ばれる読み手があります。語り手が物語の中に存在していることを、目に見える形にしてくれるよい方法だと思います。あるいは、私の大好きな井上ひさしの『吉里吉里人』では、最初に語り手が「記録係《わたし》」として登場します。これは、非常にはっきりとした、井上ひさしの文学的な戦略です。この後はこの記録係の目を通した物語であるということを明らかにしています。

多くの場合、語り手は隠れています。聖書の場合も語り手は隠れています。ところが、時々語り手は顔を出してくるのです。そのような読み取り方が、文学研究、とくに、文芸批評と呼ばれる読み方の中では行われています。語り手の「信頼度」という大きな問題がありますが、そのことについては、最後に触れます。

物語が時に語り手の支配を離れることがあると言ったのは、ロシアのミハイル・バフチンという文芸研究者です。こういう場合、バフチンは「カーニバル的」と呼んで、全知全能の語り手によってコントロールされている物語よりも、カーニバル的な作品の方が文学的価値が高いとしました。

私は、語り手に加えて、先程も述べたように、もう一方の創造者である読者に注目しています。「読む」という作業は、読者の価値観に大きく左右されます。日常的に経験することですが、同じ小説を読んだとしても、それが面白かったかどうか、面白かったとしても、どのように面白かったかは、個人によって大きく異なります。読者が、物語の価値の創造に大きな役割を果たしているからです。これは、ロラン・バルトによって主張されました。「読書とは、読むことによって、意味が創造されることだ」と彼は言いました。

読者は、自分が期待するものをテクストから読み取ります。テクストに客観的に意味が存在するのではなく、期待するものを、テクストから読みとるのです。そして、読み取ったものと、読者が持っている認識、価値観とは深く関係しています。このように、読者の存在が物語において重要であると考える立場で、私はテクストを読んでいます。

これに対して、「このような読みは客観的な研究たり得るのか」という批判がありますが、これは正当なものだと思います。しかし、これには、私は次のように答えます。これまでの、近代聖書学、歴史的批判的聖書学が、読者の価値観からどれほど自由であったかということを問い直す必要があるのではないかと。

私は、とくにヘブライ語聖書の創世記の物語を中心に読んできましたので、創世記に関する注解を書いている碩学等の文献を読んできましたが、彼らがその著作で述べていることは、それぞれの読者、つまり研究者の、個性に大きくよっているのではないか。そこに「客観的な研究」が存在しうるかと言うと、むしろ「客観的な研究」が存在し得ない状況をこれらの偉大な著作が表しているではないか。それならば、「中立である」、「客観的である」という主張を一旦脇に置いた考え方をしてみてはどうかというのが、文芸批評的な立場からの一つの提案です。

文芸批評的アプローチの特徴

今までのことをまとめると次のような比較ができます。

文学作品のこれまでの読み方	文芸批評的アプローチの考え方
「著者の意図」を読みとることを目的とする	「意味」は「読書」によって創造されると考える
著者が作品を書いた状況と作品を関連付ける	テクストの「外」に解釈の要因を求めない
作品の内容は客観的に要約できるとする	唯一の「正しい」読み方を求めない

上が、これまで、「文学作品を読む」という場合に考えられてきた読み方です。二つ目の、「著者が作品を書いた状況と作品を関連付ける」ことは、歴史的批判的研究と呼ばれる近代聖書学において、力を尽くして行なわれてきたことです。私は、これが無意味であ

る、意味がなかったと言っているわけではありませんが、そのことに対する疑義については、先ほど述べたとおりです。三番目の、「作品の内容は客観的に要約できるとする」というのは、試験問題の例で見ていただいたものです。

それに対して、私のような、文芸批評的アプローチという読み方での考え方が、下の欄に書かれています。一番目に、読む者にとっての「意味」は、「読書」という行為によって創造される。第二の、「テクストの「外」に解釈の要因を求めない」というのは、著者はこういう状況の中でこの本を書いたので、この言葉遣いにはその状況が反映されているのだという解釈をしないということです。三つ目に、「唯一の「正しい」読み方を求めない」については、文芸批評、とくに、テクストと読者の結びつきを考える前提からは、自然と導き出されるものだと言えます。

この前提をお話しした上で、拙著『アブラハム物語を読む——文芸批評的アプローチ』(新教出版社)から、アブラハムの二人の息子の誕生の物語と、それにまつわる部分を取り上げて、実際にどのように読むのかをお話をしたいと思います。

アブラハム物語を読む

アブラハム物語は、創世記一二―二五章に記されています。主人公は、最初アブラムとして登場し、一七章でアブラハムと名を変えるのですが、一貫して「アブラハム」と呼びます。同様に、一貫して「サラ」の名を使います。なお、本文中の聖書は、とくに断りのない限り、『聖書協会共同訳』を使用します。

アブラハム物語は、歴史的批判的な研究では、独立した小さなエピソードが旅程表と年代によって緩やかに結びあわされている「逸話群」であると考えられています。こう考えなければいけない理由は、書かれてあるままの筋で進んでいると考えると、物語には多くの矛盾が見受けられるからです。例えば、九〇歳になろうとするサラが「美しい」ゆえに、アビメレクの宮廷に迎え入れられると書かれている（二〇2）。このような矛盾を解決するために、元来、別々に存在していた逸話が、今の形にゆるやかにまとまっているとすれば、年代の矛盾については考えなくてよいものとできるからです。便利な方法と言えます。しかし、別の考え方で読んだらどうなるかは、後でお話ししたいと思います。

登場人物

主な登場人物は、次のとおりです。

アブラハム（最初はアブラム、一七章からアブラハム）
サラ（最初はサライ、一七章からサラ、アブラハムの妻）
ロト（アブラハムの甥）
ハガル（エジプト人女性、サラの女奴隷、アブラハムの妻）
イシュマエル（ハガルとアブラハムの間に生まれた息子）
イサク（サラとアブラハムの間に生まれた息子）
ヤハウェ／エロヒーム（神的な存在）

日本語の聖書では「神」ないし、ヘブライ語聖書では「主」と訳されている神的存在を、「ヤハウェ／エロヒーム」とカタカナで呼んでいます。なぜそう呼ぶかについてお話ししておきたいと思います。

一人の信仰者としての素朴な立場からまずお話ししたいと思いますが、「ヤハウェ」（「主」）や「エロヒーム」（「神」）と呼ばれている聖書の登場人物は、私の信仰の対象である神であるのか。この問いに対して、例えば福音主義のプロテスタント教会では、「イエス」と答えるでしょう。しかし、私は困るのです。ヘブライ語聖書を読むと、例えば、あまりの人間のひどさに、罪がないと思われる子どもたちも含めて、地上の全てを洪水で押し流してしまう神（創世記六―九章）、先住民がいる地域に、自分の御贔屓の人々を連れて行って、先住民を皆殺しにせよと命じる神（申命記七15）であるように描かれています。

『スタートレック』というテレビのSFシリーズがあります。その中の「新スタートレック」というシリーズには、「Q」という名の人物が登場します。Qは全能です。ところが、Qは、誰かに共感したり、物語の舞台となっている宇宙船、USSエンタープライズ号に乗っている人々を大切に思ったりということを、一切しません。このQは、神のカリカチュアであると思って見ています。「聖書を読む限り、神が全知全能であることと、善であることとは、必ずしも両立しない」とマルティン・ルターも言っています。

聖書をよく読めば読むほど、登場人物「ヤハウェ」や「エロヒーム」は、私の信仰している神であると言えるのかという疑問を抱かずにはおれません。そこで、一旦、カタカナで書き、登場人物の一員に過ぎないという立場で読みます。「ヤハウェ」や「エロヒーム」は、語り手を通して、ある人々の神に対する期待を表現している存在なのだろうと思いますが、その期待は私の期待ではありません。また、多くの今日のキリスト教徒の期待でもありません。では、「聖書の神を信じる」とはどういうことかという神学議論になりますが、今日はそのことには踏み込みません。

イシュマエルの誕生

アブラハムには二人の息子があります。最初に生まれたのは、イシュマエルです（一六章）。今からお話しすることは、フィリス・トリブルの著した『旧約聖書の悲しみの女性たち』の中のハガルに関する章に多くを依っています。これは、アメリカでは、創世記、ことに、アブラハム物語を論じるならば、読まなければならない古典になりました。

一六章の物語を簡単に要約すると、「不妊の女」であるサラ（一一30）は、「自分の女奴隷」――これは、サラの個人的な所有であることを表していると思われます――、ハガルによって「建てられる」ことを願います（一六2）。聖書協会共同訳は、「彼女によって子どもを持つことができるかもしれません」と訳しています。他の多くの訳でもそのように訳されていますが、直訳すると「建てられる」と言われています。意味的としては、ハガルが産んだ子どもがサラの子どもとして扱われて、それによって、サラはアブラハムの子どもを産んだことになる、という意味だろうということについてはおそらく間違いないと思われます。

なぜそのようなことをしようとしたかと言うと、ヘブライ語聖書の中の民法的な規定によれば（申命記二一15―17）、遺産相続は男の子にだけ権利があり、男の子のない母親は遺産相続に関与しないことになるからです。つまり、男の子のない母親には、老後の心配があったということです。そこで、ハガルをアブラハムの妻として差し出すことによって、自分のためになるというように考えたのでしょう。

ハガルはアブラムの「妻」となります（3節）が、多くの日本語訳では「側女」と訳しています。原語が「イッシャー」ですから、「妻」とすべきだと思いますし、聖書協会共同訳も「妻」としています。

ここで、奇妙なことが起きてしまいます。サラとハガルの関係は、「女主人」と「女奴隷」という関係です。この状態は保たれています。というのも、4、5、6、8、9節で、登場人物たちは、ハガルやサラ本人たちも含めて、彼女たちをこの関係で呼び続けているからです。特に、ヤハウェの使いは、8節で、ハガルに向かって、「サライの女奴隷」と呼びかけています。ハガルとサラの、「女奴隷」と「女主人」という、上下関係は保たれたままです。

ところが、同時に、ハガルはアブラハムアブラムの「妻」になりましたから、サラと同じ立場に立っていることになります。この二人の間に二重の関係性が生まれてしまったことが、この物語の実に重要な要素になっています。ハガルはアブラハムの「側女」となったと訳しては、この物語の問題点が分からなくなってしまいます。「妻」として、ハガルはサラと同じ立場になったということがはっきりしなければならないと思います。

そして、サラには、これが我慢できないのです。「私は彼女（ハガル）の目から見て軽くなった」（5節）とサラは言います。聖書協会共同訳は、「私を見下すようになりました」と訳しています。

「軽くなった」のは誰の認識でしょうか。ハガルが本当にそう思ったのでしょうか。もちろん、あり得ます。自分はサラと同等の妻になったという認識です。一方、これはサラの認識であるとも思われます。つまり、これまでは上下だった存在なのに、同等として扱われるようになったら、これは自分の地位は「下がった」と感じた、その認識であるとも読むことができます。

世界各地で起きている、移民の人たちに対する排斥運動も、同じような論理構造を持っているように思われます。自分たちより「下」と思っていた人（たち）が、自分たちと同じように扱われると、自分たちが「下げられた」と感じる。「解放」に関する運動の時に必ず出てくる反応です。

この認識がハガルの側にあり、それが態度に出たかもしれません。しかし、重要なのは、サライの側の認識であると言えるでしょう。そこで、サラは、ハガルに「つらく当たった」（6節）。ここには、「虐待する」と訳すのが適切な語が使われています。「虐待する」（アーナー）とは、「それが精神的な苦痛になるまで、肉体的な苦痛を与えること」と解釈され得ます。厳しい言葉のようにも感じますが、興味深いことは、イスラエルがエジプトにいたときに受けた「虐待」と同じ言葉がここで用いられていることです。ハガルは「エジプト人女性」ですので（1節）、イスラエル人の祖先となるサライがエジプト人ハガルを「虐待」したと、出エジプト記の関係が反転されて、ここに投影されていると解釈する研究者もあります。

サラの「虐待」から逃れるために、ハガルはサラの下を逃げ出すのですが（6節）、ヤハウェの使いはハガルに出会い、彼女を「サライの女奴隷」と呼びます（8節）。また、9節では、「女主人のもとに戻り、そのもとでへりくだって仕えなさい」と語りかけます。

「へりくだって仕えなさい」と訳されている語は、先の「アーナー」という動詞のヒトパエル語幹が使われています。ヒトパエル語幹は「再帰」を意味しますので、「自ら進んで、虐待に身を委ねよ」という意味でしょう。フィリス・トリブルは、この箇所を解釈して、「神は家父長制の味方である」という厳しい批判をしています。「虐げられた者の味方である神」ではないというのです。

「虐げられた者の味方である神」は、ヘブライ語聖書に通底する大きなテーマであると言ってよいと思います。しかし、フィリス・トリブルは、この箇所ではそのような神は示されていないというのです。最初に読んだときの衝撃を忘れることができません。

ところがこのハガルは、自分に語りかけたヤハウェに名を付けました。13節の「（ヤハウェの）名を呼んだ」と訳される語は「名を付けた」と訳すべきだというのは、フィリス・トリブルの主張です。「名を付ける」を意味する動詞「カーラー」の直後に「名」という語が続くと「名付ける」と訳すべきで、「名を呼んだ」の意味になるのは「名」の前に前置詞がある場合です。ここでは前置詞がないので、「名を付けた」と読むべきだというのです。この文法的な説明は正しいと思います。そして、フィリス・トリブルは、ハガルは旧約聖書中、神に名を付けたという点で、「最初の神学者」であると評価します。トリブルの主張には、きちんとした語の理解に基づいて聖書を読み直す作業が伴っています。そこから、これまでの解釈を問い直すことができ、それが、彼女の解釈の強みとなっています。

私が特に注目するのは、ハガルへの「祝福」の言葉です（11節）。直訳すると、このようになります。


見よ、あなたは妊娠している。

あなたは男の子を産むだろう。

あなたは、その名をイシュマエルと名づけるだろう。

なぜなら、ヤハウェはあなたの虐待（オニー）〔のゆえに上げる叫びの声〕を聞いたからだ。


これとほぼ同じ言葉遣いで、子どもの誕生を予告する言葉が、イザヤ書七章14節にあります。


見よ、この若い女性は妊娠している。

彼女はもうすぐ、男の子を産もうとしている。

彼女は、その名をインマヌエルと名づけるだろう。

この二つの文章を比較してみましょう。

一行目は、どちらも、「見よ」（ヒンネー）という不変化詞で始まっています。そして、「妊娠している」という形容詞も共通しています。主語について、創世記では「ヒンネー」への接尾代名詞であるのに対し、イザヤ書では「若い女性」となっている点が異なります。

二行目は、「産む」（ヤーラド）という動詞は同じですが、変化形が異なります。創世記ではワウ継続法完了形（意味は未完了）、イザヤ書では分詞形。右の訳にそのニュアンスが反映されています。

三行目では、動詞カーラーの直後に「名」という名詞が続く、「名づける」という構文は同じですが、創世記では二人称女性単数、イザヤ書では三人称女性単数という違いがあります（ただ、文字の上では同じ形）。そして、男の子の名には、「エール」という神名が用いられている点が共通しています。

以上のことから、この二箇所は、かなり類似した表現が使われていると言ってよいと思います。

イザヤ書七章14節は、ヘブライ語聖書学で「シリア・エフライム戦争」と呼ばれる戦いの最中、その戦争がすぐにでも終わることを告げたものです。戦争の終結を喜ぶがゆえに、生まれてくる子どもが「神は我らとともにいます」と名づけられる。戦争の終結という解放が預言されていて、その解放が子どもの誕生、そしてその名づけ、命名によって表されているのです。

だとすれば、ハガルへの「祝福」である創世記一六章11節もまた、彼女に対する解放の約束であると読むことができると思うのです。そして、イザヤ書七章14節で予告された、「インマヌエル」という男の子の誕生が「約束の子どもの誕生」であるならば、イシュマエルもまた「約束の子ども」であると言えるのではないか。

事実、この後、イシュマエルは、アブラハム家の「長子」として扱われます。一七章で、エロヒームがアブラハムに向かって、「新しい男の子を与えてやろう」と言われた時、アブラハムは「どうか、イシュマエルがあなたの前で生きますように」と返答しました（18節）。アブラハムにしてみれば、自分の家の長子として、遺産を相続する存在として考えていることが分かります。

では、なぜ私たちは、イシュマエルを「約束の子」だとは思ってないのでしょうか。アブラハムに対する約束を受け継ぐ子はイサク一人だと思っているのはなぜでしょうか。それは、物語がそのように仕組んでいるからです。

比較の問題

イサクの誕生が、一七章で告知されます。アブラムとサライの名が、アブラハムとサラに変えられ、誕生が予告されます。

物語では、イシュマエル誕生（一六章）の直後に置かれている一七章ですが、よく読むと、この間に一三年経っていることが分かります（一六16、一七1）。せっかく男の子が生まれたのに、なぜ次の男の子の誕生を告知しなければならないのか、それも、一三年も経ってから、という疑問が生じます。読者はこの二つを比べるよう促され、一人目の男の子では不十分だったのではないかと考えるようになります。それを裏付けるように、エロヒームは、「いや、サラから生まれる子が、アブラハムの約束を受け継ぐ」と言うのです（19節）。

一七章から二一章が、歴史的批判的研究では資料の違いから、一つながりの物語として読まれることは少ないのに対し、文芸批評では、現在ある物語をそのままで読もうとします。もちろん、アブラハムとサラの年齢という大きな問題が存在するのですが（それは、物語においても意識されています。17節）、それをちょっと横に置いて、物語だけを見てみましょう。

期間の最初にアブラハムとサラへの約束があり（一七章）、続く一八章にも、同じように、サラから子どもが生まれるという約束が記されています（10節）。そして、その直後、現在の物語ではこの約束が行われた次の日、ソドムとゴモラが滅ぼされます（一九1、15、23）。実際の距離を考えると移動は無理だという意見もあるのですが、現在私たちが持っている物語ではそう記されています。つまり、一七、一八、一九章の出来事は、立て続けに起きたことになります。

期間の最後には、イサクの誕生が記されています（二一章）。時間に注目すると、出来事の順序と記されている順序が違うことに気づきます。一九章の直後、アブラハムとサラはゲラルに移住します（二〇1）。そこで、サラがあまりに美しいのでアビメレクの宮廷に入ることになります。けれども、それが原因でアビメレクの宮廷の女たちが出産しないという状況が起きてきました。これがどのようなことかは具体的には書かれてありません。ただ、「ヤハウェが女たちの胎を閉じた」とだけ書かれています（18節）。アブラムがアビメレクのために祈ると、「ヤハウェは彼の妻と仕え女たちを癒し、彼女たちは産んだ」とだけ書かれています（17節）。これが二〇章の終わりです。

ここは、物語が非常に巧妙に仕掛けています。アビメレクの宮廷の女たちが出産するようになったという記事のすぐ後に、「サラがイサクを産んだ」と書かれています（二一2）。この二つは、直結し、関連した出来事として書かれてあるのです。

一方、ソドムとゴモラの滅亡によって、ソドムを出たロトと二人の娘たちは山に移住し、ロトと二人の娘たちとの間に子どもが生まれたと書かれています（一九36―38）。つまり、これもほぼ同じ時期の出来事と言ってよいでしょう。

物語は、登場人物を中心に、また出来事のつながりを中心として書かれているので分かりにくいのですが、時間を軸として並べ替えると、次のような表にまとめることができます。

表1　一七―二一章の出来事

期間の最初	期間の最後
アブラハムとサラへの約束(一七章)	イサクの誕生(二一章)
天使の訪問と子どもの約束(一八章)　ゲラルへの移住(二〇章)	アビメレクの宮廷での誕生(二〇章)
ソドムとゴモラの滅亡(一九章)　山への移動(一九章)	モアブとアンモンの誕生(一九章)

この表から分かることは、三種類の誕生がほぼ同じ時期、一年という期間の終わりに起きたと記されていることです。それは必然的に、私たちに出来事を比較するように促します。

一つは、子どもたちの比較です。イサク、モアブとアンモン、名前は書かれていませんが、アビメレクの宮廷の女たちが産んだ子どもたち、そして、この直前で名前があげられていたイシュマエルと、これだけの子どもたちへの言及があります。

テクストを読んで私たちが感じているように、イサクは「約束の子」です。一七章、一八章で二度、約束されています。それに対して、イシュマエルは、イサクによって取って代わられる子として登場します。モアブとアンモンは、イサクやイシュマエルと同じように、民族の祖となった子どもたちですが、この二つの民は、この物語を書き、読んだ人たちにとっては、近いけれども、厄介な隣人たちでした。アビメレクの宮廷の子どもたちは、アブラハムとサラを守るために、その誕生/出産が一旦停止されました。

このように、ほぼ同じ時期に生まれた子どもたちの存在によって、「どの子どもが最も祝福されているか」と、私たちは「比較」するわけです。

また、もう一点、比較が生じるものがあります。子どもが生まれるということは性的な関係があるということで、性的な関係も比較されます。この間に記されている性的な関係についてまとめると、次の表2のようになります。

表2 「比較」(2) 性的な関係

アブラハムとサラ	近親相姦?	イサクの約束

ロトと娘たち	近親相姦	コメントなし
アビメレクとサラ	姦淫（未遂）	執行猶予
ソドムの男たち	強姦？（未遂）	刑は執行された

アブラハムとサラは、二〇章12節でアブラハムが告白したように、実は母親の違う兄と妹です。ところが、多くの注解者が、これは苦し紛れの言い逃れだとしています。あるいは、この事実を認めた上で、ヘブライ語聖書の律法は、この時点ではまだ与えられていなかったという弁護をする解釈もあります（異母兄弟姉妹の結婚禁止については、レビ記一八9に記されています）。もちろん、物語は初めから読み進めるものですから、アブラハムとサラの時点では、律法は与えられていませんでした。しかし、このような解釈をすることに、読者の価値観が表れていると思います。この二人が、母親は違うけれども兄と妹という関係にあったということを知った時の衝撃ゆえのリアクションも含まれていると思われます。いずれにせよ、イサクは約束された子として受け止められるのです。

ロトと娘たちは、父と娘たちの近親相姦です。レビ記一八章には、どの親族とは性的な関係を持ってはいけないかが書かれてあります。そこには、父と娘の性的な関係を禁止する文言はありません。これは、現代の判断では性的虐待と見なされるものを容認しており、現代の読者には衝撃的です。娘はやがて処女のまま結婚させなければならないから、暗黙のこととしてそんなことはあり得ないとしていたという説明もあり得ます。しかし、古代の家父長制では娘は父親の所有物ですから、誰の権利も侵害しません。このように考えると、その規定が書かれていないことの説明がつくように思えます。ただ、物語はこの件に関してはコメントをしていません。いいとも悪いとも言っていません。悪いと語っているという注解者が圧倒的に多いのですが、明確には書かれていません。

アビメレクとサラの関係は、「姦淫」でした（二〇3）。但し、未遂です（4節）。アビメレクに対する刑罰は執行が猶予されました。

ソドムの男たちが求めたこと「今夜、お前のところにやって来た男たちはどこにいる。ここに出せ、我々は連中を知りたいのだ」（一九5）が性的な関係を要求したものであるのかどうかについては、議論があります。ロトはそのように解釈しました（8節）。「知る」を性的な意味に解釈したので、代わりに、二人の娘を差し出すという申し出をしたのです。私は、語られていることと認識の違いがあると思っています。そして、何が刑罰の対象になったかは明らかではありませんが、刑は執行されました。

このような「比較」によって、本来はショッキングであるはずのアブラハムとサラの関係が、それほど問題がないかのように読めてしまう。

そして、イサクが「約束の子ども」として扱われているだけでなく、他の誕生や関係も、アブラハムとサラの二人に依存しているということがわかります。ロトに関して、ソドムとゴモラを滅ぼすという意向をヤハウェから聞いたアブラハムは、街が滅ぼされないために交渉を始めます（一八23―33）。結局、ソドムとゴモラは滅ぼされてしまうのですが、ロトは、「アブラハムのゆえに」救い出されます（一九29）。また、アビメレクの宮廷で子供が再び生まれるようになったのも、アブラハムが祈ったからでした（二〇17）。そして、イシュマエルは最終的には追放されますが、彼もまた、アブラハムの息子であるというその一点で民族の祖となると言明されています（二一13）。これらの関係は全てアブラハムに依存しているように描かれていて、それによってイサクが約束の子であると、私たちに印象付けることに成功しています。

イシュマエルとイサク

ところが、イサクとイシュマエルに関連して、早くから指摘されているのは、二一章と二二章の類似、並行です。イシュマエルがアブラハムのもとを放逐されて、ハガルと共に荒れ野をさまようことを記す二一章8―21節と、アブラハムがイサクを山の上で焼き尽くす献げ物にしようとしたことを記す二二章1―19節には、次のような共通する記述があります。

1　エロヒームの言葉を聞いてアブラハムが行動を起こす（二一12―13、二二2）。

2　エロヒームは夢の中でアブラハムに語る（二一14、二二3）。「夢の中」でという書き方はされていませんが、エロヒームの言葉の後「朝早く起きて」という言葉が書かれていますので、アブラハムは夢を見たことが分かります。

3　アブラハムは息子にものを負わせる（二一14、二二6）。二一章14節は、息子にものを負わせたのか、それとも、息子をハガルに負わせたのか、読み方に議論があるところですが、ものを負わせるという点では共通しています。

4 「天から呼びかける」使いが登場する（二一17、二二11、15）。神名が二一章では「エロヒーム」、二二章では「ヤハウェ」となっていますが、いずれも、「使い」が呼びかけています。

5 呼びかけられた者は何かを発見する（二一19、二二13）。ハガルは水が湧いている泉を見つけ、アブラハムは薮に角をひっかけている雄羊を見つけます。

6 使いは、息子が繁栄すること、民族の祖になることを約束する（二一18、二二17―18）。

このような並行で、イサクとイシュマエルが同じように描かれていることを考えると、イサクだけが特別な存在とされているわけではないと言えます。第一に、アブラハムの息子であるということで、民族の祖となるという約束を、どちらの息子も受けています。

さらに、イサクには、エサウとヤコブという二人の息子しか生まれませんが、二五章には、イシュマエルには一二人の息子が生まれたことが記されています（13―16節）。一二人の息子が生まれたと聞くと、私たちが思い出すのは、ヤコブです（二九31―三〇24）。つまり、アブラハム、イサクと繋がる約束の中では次の世代に起きることを、すでにイシュマエルの世代に受け取っているということになります。

そして、これと関係しますが、イシュマエルは民族の名祖となります。「名祖」という語は、その個人名が民族の名前になった人、そのような祖先という意味です。この後、「イシュマエル人」と呼ばれる人々が登場します（三七25）。しかし、「イサク人」は存在しません。アブラハム、イサクと続くこの家系の人々は、「イスラエル」と呼ばれます。イスラエルはヤコブの別名です（三二29）。先程見た一二人の息子と同じように、イサクより一世代前に、イシュマエルはその約束の実現を受けているということになります。

単純に、どちらかの息子が祝福されていると言えるでしょうか。なぜ、イシュマエルは「約束の子」でないと、私たちは思うのでしょうか。なぜ、イシュマエルは祝福されていないと思うのでしょうか。

二一章でアブラハムのもとを放逐されたはずのイシュマエルは、父親の葬儀にやって来ます（二五9）。アブラハムの死に関する記述の中に、イサクと共にイシュマエルがアブラハムを埋葬したと記されています。イサクだけが葬りをしたわけではありません。ただ、その直後11節で、語り手は、「アブラハムが死んだ後、彼はその子イサクを祝福された」と記します。イシュマエルの名を記していないのです。

ところが、イシュマエルに関するその直後の記述を見ますと、イシュマエルの生涯の年数は一三七年であったと記されています（二五17）。アブラハム（一七五年。二五7）、イサク（一八〇年。三五28）、ヤコブ（一四七年。四七28）という、族長たちに並ぶ長寿です。そして、その後の記述が重要です。「彼は息絶え、死んで先祖の列に加えられた」。

死んだ時に「先祖の列に加えられた」というのは、おそらく、先祖と同じ墓に葬られたという意味なのだろうと、研究者たちは考えています。それは、長寿を全うした、幸せな最期を語る常套句です。アブラハム、イサク、ヤコブも皆、そのように記されています（二五8、三五29、四九33）。聖書の記述は、はっきりと、イシュマエルが約束され、祝福されていることを繰り返し語っています。

しかし一方で、イサクだけが祝福されると、物語は繰り返し語っています。今日はあまり詳しく取り上げませんでしたが、二二章においては、イサクだけが唯一の息子として認定され、祝福を受けることが記されています（2、11節）。

この二つ、つまり、イサクだけが祝福されるという記述と、イシュマエルも祝福されていたという、二種類の聖書の記述のうち、私たちは一方だけ、イサクだけが祝福されたという記述だけを読んでいるということになりはしないでしょうか。

もちろん、私の表現では、「語り手はそう読ませたい」という言い方になります。しかし、丁寧に物語を読むと、イシュマエルが祝福されていることを読み取ることができるのです。

語り手に対するアイロニー

私は、ここに、語り手に対する「アイロニー」が生まれてくると考えています。「アイロニー」は「皮肉」や「あてこすり」と訳されますが、状況の食い違いのようなところで生まれるものです。

アブラハム物語には、いくつかのアイロニーが含まれています。一つは、イサクが山の上で焼き尽くす献げ物にされようとしている間、サラが登場しないことです。そして、その直後二三章では死んでいます（1節）。この二つのエピソードにつながりがあるのでしょうか。

ユダヤ教の伝統では、つながりがあるとしています。サラの死因は、アブラハムがイサクを焼き尽くす献げ物にしようとした、殺そうとしたことをサタンから聞かされたためのショック死であったという、解釈のためのエピソードがあります。私は、「独り子」、唯一の家督相続者としての立場が確立したところで、これ以上サラから子どもが生まれては困るので、サラに退場願ったというのが本当のところだろうと思っていますが、これも、一つの解釈に過ぎません。物語は二二章と二三章を並べているだけで、その間に何年経ったとか、どのような出来事があったかということについては一切何も語っていませんので、それをどのように受け止めるかは、読者の自由に任されています。

しかし、イシュマエルがイサクと財産を分け合うことすら許さないほど、イサクのことを気にかけているサラ（二一10）が、このような画面で登場しないというのは、不思議に思えます。これは、語り手にとって、登場人物は自由に、恣意的に動かせる存在であるということを表しています。

そして、もう一つの恣意性はイサクが「独り子」であるということを強調することですが、そうすればするほど、読者は同時に、イシュマエルに対する祝福を思い出すことになります。こうして、語り手は、自らが作り上げてきた物語によって裏切られることになります。読者は、語り手の意図とはおそらく異なるものをここに読み取ります。

もし、この矛盾をこそ読み取れというのが語り手の意図であったのなら、これは、とても近代的な語り手であると言ってよいと思います。確かに、古代の著者、あるいは、語り手がこのような手法を使わなかったとは言い切れないのですが、このように矛盾するものを読みとるようにというのは、近代的な文学作品、しかも、二〇世紀になってからの物語の手法ではないかと思います。

私たちがよく知っているのは、芥川の『藪の中』です。一つの出来事を、複数の登場人物の視点から語るだけの小説で、何が真実であったかを語りません。この書き方は、二〇世紀の小説の方法だろうと思います。従って、アブラハム物語の語り手は、イサクだけが祝福されているという結論を導きたかったのだと思います。

一方、近代的な読者は、そこにある矛盾、アイロニーを見逃しません。著者なり語り手の意図しているものとは違うことが読みとられることで生まれてくるのが、文学研究で「状況的アイロニー」と呼ばれるものです。

矛盾を感じると、物語を読み直す時にも、語り手の存在が気になってきます。語り手はこう言っているが、この語り手は信頼できるのか。最初に言及した疑問を持つことになります。そして、この語り手が語っているアブラハム物語の全体像を、私たちはこのまま受けることができるのだろうかと疑問につながります。

おわりに

このような文芸批評的な読み方に意味があるのかという、最初の疑問に立ち返って終わりにしたいと思います。

最初に、物語がどのように編みあわされ、どのように読まれ得るかということの可能性について、できるだけ限定しないで読み、物語が本来持っている力を取り戻すことができると考えています。よく知っている物語でありながら、原文で読み、また、物語的な視点で読んでいる時には、疑問に思うことがたくさん出てきますが、その疑問に思うこと自体が、物語を読むことの一つの大きな成果であると言っていいでしょう。

第二に、文芸批評的なアプローチでは、物語の中には、複数の視点、複数の声が存在して、複数の読み方があり得ると認めることができます。これは、今日における宗教の状況を考えると、宗教の経典である文書を読む時に極めて重要であると考えています。唯一の読み方が正しく、その唯一の読み方、正しい読み方に則らないものは異端であるとする考え方は、排他的な宗教を作り出すのではないか。開かれている複数の読み方を認めることができることは重要なのではないか。

第三に、文芸批評的なアプローチでは、現代の読者の関心、ことに、倫理的な関心を、読むという行為に反映させることができると考えられます。「イデオロギー批評」と呼ばれる読みです。「イデオロギー」と言っても、マルクス主義だけを表しているわけではありませんが、マルクス主義批評という聖書の読み方もあります。これまで参照してきた、フィリス・トリブルの解釈は、フェミニスト批評です。女性の視点で読んだ場合、物語はどのように読めるのかという関心を持っています。南アメリカの解放の神学、アメリカでは黒人の解放の神学を、イデオロギー批評の範疇に入れることができます。つまり、読者がどのような視点を持って、どのような倫理的関心を持って聖書を読んでいくのかを明らかにした上で、批評する。それらが、イデオロギー批評と呼ばれるものです。

ここで、最初に提示した問いに戻ってきます。私の読み方も、一つのイデオロギー批評です。つまり、ここに登場する「ヤハウェ」や「エロヒーム」を、私の信仰の神とは呼べないという素朴な疑問、このような「神」が自分の神であっては困るという素朴な疑問から出発している読み方です。

唯一の正しい読みがなければ、研究者はどうしてそのような読みをするのかという疑問が生じます。「真実」に到達するのが学問ではないのかという疑問があるかと思います。また、同様の質問が、教会でも発せられます。「牧師先生から聖書の正しい読み方を教えてもらえなかったら、牧師先生は何を仕事としてするのか」。この二つの質問は、実は同じことを問うていると思います。「唯一の正しい読みを提示すべきだ」という問いかけです。

私の答えは、「こう読めるというものを提示して、皆さんとの対話に入るのが、研究者や牧師の役割だ」というものです。もちろん、こちらは、原文が読めますし、先行研究を読んだりしています。しかし、それによって、正解を「教える」のではなく、色々な材料を示し、こういう読み方も、また別の読み方も可能だと提示して、読者それぞれが自分の読み方を作っていくための「ファシリテーター」になるのが、研究者の役割であり、聖書の読みに関して、教会における牧師の役割ではないかと思っています。

参考文献

ジャン・ルイ・スカ（佐久間勤・石原良明訳）『聖書の物語論的読み方――新たな解釈へのアプローチ』日本キリスト教団出版局、二〇一二年。

フィリス・トリブル（河野信子訳）『旧約聖書の悲しみの女性たち』日本キリスト教団出版局、一九九四年。

ミハイル・バフチン（望月哲男・鈴木淳一訳）『ドストエフスキーの詩学』（ちくま学芸文庫）、筑摩書房、一九九五年。

ロラン・バルト（沢崎浩平訳）『テクストの快楽』みすず書房、一九七七年。

水野隆一『アブラハム物語を読む――文芸批評的アプローチ』（関西学院大学研究叢書115）、新教出版社、二〇〇六年。

D・ロバートソン（荒井章三訳）『文学としての聖書』（「聖書の研究シリーズ」）、教文館、一九八六年。

「ダビデ王位継承物語」の深層

——女性たちの悲劇と知恵をめぐって

中村信博

はじめに

サムエル記下九―二〇章、列王記上一―二章はダビデの王位継承を主題とした歴史物語として読むことができる。これまでに、資料問題、背景の歴史性、最初の世襲王朝となったソロモンの政治的正当性、ダビデ、ソロモンの世襲王朝が神による選びであったことを主張する神学的正当性などをめぐって長い間議論されてきた。

しかし、一連の物語群の主題はかならずしも一貫しているわけではなく、しばしば事態の破綻や王ダビデの統治能力の低下などが描かれている。たとえば、ダビデとバト・シェバとの結婚は略奪婚であり、娘タマルは王位継承候補のひとりであった異母兄アムノンによって凌辱さてしまうなど、ダビデの王位継承にはさまざまな陰と障害があったことの報告はその事例であろう。

混乱する事態に解釈の可能性を示したのは、名もないひとりの女性によって王ダビデに陳述された虚構の物語であった。虚構物語によって事態の深層が暗示され、王ダビデはそれを読み解いている。ダビデの自覚によって、歴史物語後半の大団円が向かう先を王自身と読者とに示されているのである。結果、王位を継承したのはバト・シェバの第二子であり、低位継承候補者に過ぎなかったソロモンであった。物語は宮廷の暗部をなぜ暴いたのだろうか。物語からの問いかけを通して、歴史の中に隠された神の働きをどのように見つけ、どのように理解することができるのかを考えてみたい。

一　物語の主題と範囲

従来、「ダビデ王位継承物語（史）」（以下「継承物語」または「物語」）は、その直前においてダビデの歴史への登場について報告するいわゆる「ダビデ台頭物語（史）」（サム上一六14―サム下五25）とともに「ダビデ宮廷物語（史）」として理解され、読まれてきた。サムエル記上の途中―列王記上の冒頭はダビデを主人公とする「ダビデの物語」として読むことができる。しかし、その視点は前半の「台頭物語」においては理想とする王ダビデへの期待が述べられていたのにたいして、後半の「継承物語」ではダビデ宮廷内の醜聞やダビデの失策などが王位継承問題に暗い陰を落としている。その視点、筋、叙述、関心、主題などにおいて、「継承物語」はかならずしも「台頭物語」に接続する「ダビデ宮廷物語」の後半部を構成しているようには読めないのである。「継承物語」はむしろ、独立した物語として読むべきであろう。

通常、物語には「はじめ」があり「おわり」がある。「継承物語」が紆余曲折をへてダビデの王位継承者が最終的に決定したプロセスを報告するものであったとすれば、その結論は「こうして王国はソロモンの手によって揺るぎないものとなった」(王上二46、引用は『新共同訳　聖書』日本聖書協会、一九八七年、以下同様)に求められる。これは、小さな物語単位で見れば、その直前に妻バト・シェバとナタンによって反復された「わが主君、王の跡を継いでだれが王座につくのか」(バト・シェバ・王上一20、ナタン・王上一27)との疑問、あるいは態度を曖昧にして決断を先延ばしにしてきた王ダビデへの詰問にたいする回答であったということにもなる。

しかし、宮廷内に継承者をめぐるいざこざが潜在し始めた時期については、この決着からさらに時間軸を遡って考えなければならない。

まずは、思わぬ事態の連鎖がつづくその推移を追ってみよう。「物語」がダビデの王位継承者に関心を向けた発端は、サウル王家関係者の処遇の問題にあった(九章)。そこから「物語」はまるで本筋を避けて主題の脇道ばかりを辿るようにして、バト・シェバ事件(一〇—一二章)、アムノンとタマル事件(一三—一四章)、王子アブサロムの反乱(一五—一九章)、シェバの反乱(二〇章)について報告し、ようやくソロモンの即位(王上一

—二章）にと辿り着いている。これら一連の物語は、おそらくひとりの著述家によって語られた歴史であると最初に主張したのはL・ロスト（一九二六年）であった。ロストは物語の最終目的をソロモン王権の正統性を擁護することにあったと考えた。

ソロモン即位による決着を政治的および神学的側面から描こうとしたとするロストの仮説は、当然のように「物語」の開始部を政治的な混乱とその帰結を案じることの予測を提示する箇所に求めることになった。

ダビデは言った。「サウル家の者がまだ生き残っているならば、ヨナタンのために、そのものに忠実を尽くしたい」（九1）。

ここで、ダビデは前王サウルとその関係者への配慮を表明しているが、ダビデ王権はサウル王家との連続性を保ちながら、次の時代を迎えようとしていたことを述べており、サウル家関係者への政治的配慮を「物語」の起点としているとも考えることができる。そのバランス感覚にたって、ではダビデ王家の継承者はどうなるのだろうか、との語り手の関心が暗に示されていると理解されるのである。

もちろん、このように政治的な、そしてそれを正当化する神学的な関心に限ってみても、推測される物語の起点は九章のみには限定されることはない。たとえば、神の箱（ヤハウェ）をエルサレムに搬入（六章）、安置してエルサレムを首都としたことも接続するナタン預言（ダビデ王家の選び）とともに、ダビデの正統性とダビデの選びあるいは継続性が語られてもいることになるからである。「物語」の結果は明示的ではあるが、ともすれば、その起点は曖昧であり、重層的な物語の進展とともに徐々にその輪郭が明らかになるような特徴をもって語られていると考えるのが妥当なのかもしれない。

ロストの仮説を前提として、G・フォン・ラートは、「継承物語」をイスラエル最古の歴史記述としたうえで、その全編にわたってほぼ世俗的な歴史情報としての物語が成立しているとした。しかし、この世俗物語にはつぎの三箇所において、神学的判断が挿入されている。

・ダビデのしたことは主（ヤハウェ）の御心に適わなかった（一一27）

・バト・シェバは男の子を産み、ダビデはその子をソロモンと名付けた。主（ヤハウェ）はその子を愛され（た）、（一二24ｂ）

・アブサロムに災いがくだることを主（ヤハウェ）がさだめられたからである。（一七14ｂ）

フォン・ラートはこの三箇所を、「継承物語」を単純に世俗物語と理解しないための記号（Signale）であるとしている。たしかに「物語」にはサウル（サム上一〇20―24）、ダビデ（サム上一六6―13）、あるいはヤロブアム（王上一一29―38）に語られている神（ヤハウェ）による直接の選び（王の指名）、たとえば、

主は（サムエルに）言われた「立って彼（ダビデ）に油を注ぎなさい。これがその人だ。」

のような報告記事を見ることはできない。しかし、フォン・ラートが指摘した三箇所は錯

綜して進展した世俗的な事態の背後に、隠された神（ヤハウェ）の判断と選びがあったことを読者に伝えている。三箇所のヤハウェの記号情報は、物語という形式において物語に登場する人物群の行動、行為とはべつに、直接読者に届けられているのである。読者はこの記号情報をヒントにして、連鎖する世俗出来事が構成する「継承物語」とその解釈の次元を選り分けながら、「物語」の主題と範囲とを探ることになるのである。

二　議論の概略と読解の視点

いま述べたように、ロスト以来、「継承物語」はソロモンによる王位継承に至るまでのまとまりのある作品として読まれてきた。その際にロストは著者の目的はソロモン王権の正統性の擁護にあると主張した。その後の研究のなかにもおなじ立場にたつものもある（石田友雄、マッカーター）。もちろん、その可能性は否定しきれないものの、「物語」を素直に読めば、主要部分にはダビデ個人とその王権、またその指導力への批判がつづいている。それ故に、ダビデ王権を世襲したソロモンの政治的権力への批判物語としても読むことができるだろう。

一九六〇年代以降には、「物語」はダビデ王朝批判の傾向を強く内包する著述であるとの解釈をめぐって争われるようになった（デレカート、クリューゼマン）。このように読めば、「物語」はソロモンの即位を歴史上動かしがたい事実として認めながらも、そこに至る経緯、正統性については懐疑的なグループが著述に加わっていたと推測することになる。さらに、七〇年代以降には、その反ダビデ、反ソロモン的解釈の延長線上に、それらの本来は批判的文書であった資料が親ダビデ、ソロモン文書へと改訂、編集されたのではないかとの仮説も主張されるようになり、「物語」の著者と編集者の関係、またそれぞれの位相について詳細な議論が展開されるようになった（ヴァイヨラ、ヴュルトヴァイン）。その場合、「物語」の主題は王位継承問題にはとどまらない。「継承物語」は最終的な支配を確立したソロモン王朝そのものの政治的脆弱性も見逃してはいないからである。「物語」の背後には軍指導者ベナヤとエルサレムのカナン勢力によって支持されたソロモンの勢力と在来のイスラエル的地方勢力（アドニヤ、ヨアブ）との激しい対立があったことを読み取ることもできるのである（ディートリヒ）。最終的には、「物語」が申命記主義的歴史の文脈のなかに大きな齟齬なく位置づけられるであろうことから、おそらくは申命記主義的歴史家たちの影響のもとにほぼ現在のような形態として編集され最終的な作品になったものであろうと考えられる。そのほか、知恵文学（ワイブレイ）、娯楽的作品（ガン）などの文学的類型を指摘する研究もある。

著作年代についての考察はロスト以来、多くの研究者がそれぞれの立場で推論をつづけて来たが、出来事と同時代（ソロモン時代）とする推測から捕囚後とする仮説まで幅広く、その差は四〇〇年にも及ぶことになる。こうした議論の歴史は、「王位継承物語」を主題が一貫した結束（物語としての一体）性の高い作品として読むことを断念してきた研究の歴史でもあった。むしろ小さな物語群（個別的伝承）の連鎖を「物語」の表層において丹念に探りながら、その奥に潜む多様なコード（意味）の関係から何を読み取ることができるのかを探るべきなのかもしれない。

「継承物語」の探求において重要視されなければならないのは、その成立過程もさることながら、「物語」がどのような読解（者）の視点を要請しているかという点にあるだろう。「物語」には、歴史的背景、登場人物、政治力学、神学の深層が隠されているのである。はたして「物語」は何を隠し、読者にどのようなヒントを提供しているのだろうか。読者はそのヒントを見つけ、「物語」によって隠されている諸要素を発見し、それら相互の関係を見つけながら多様な解釈の可能性を探らなければならない。

たとえば、バト・シェバ事件は、神による選びと契約、そして神の恵みのなかに生きたとされるダビデの生涯に大きく暗い陰を落としている。バト・シェバは最終的に王ダビデの王位を継承したソロモンの母となったが、きっかけはダビデによる人妻バト・シェバの姦淫であり、ダビデは王としての権力を利用して、彼女の夫ウリヤ殺害も企てながら、その醜聞を隠蔽しようとさえしたのであった。

このとき、預言者ナタンの叱責（一二1―12）にたいしてダビデは素直に「わたしは主に罪を犯した」（一二13）と素直にその罪を告白している。同時に、このときのダビデの祈りは、詩編に、

神よ、わたしを憐れんでください　御慈しみをもって。

深い御哀れみをもって　背きの罪をぬぐってください。
わたしの咎をことごとく洗い　罪から清めてください。（詩編五一3―4）

と残されている。その悔い改めにと至る心情は「継承物語」が報告するダビデ像を修正し、補って古代イスラエル精神史の精華のひとつと言えるだろう。実際にこの祈りの詩歌をダビデが祈ったかどうかはともかく、「物語」とは別に記録されているので、この詩篇は「物語」のひとつの読解として位置づけることもできるだろう。

いっぽうで、バト・シェバの場合はどうだろうか。王位継承の経緯を説明する「継承物語」においてバト・シェバは極めて重要な役割を演じている。「物語」終盤、いつまでも継承者についてのダビデの真意が明らかにされない状況にあって、バト・シェバは、

あなた（バト・シェバ）の子ソロモンがわたし（ダビデ）の跡を継いで王となり、わたしに代わって王座につく、とイスラエルの神、主にかけてあなたに立てた誓いをわたしは今日実行する。（王上一30）

というダビデの言質を得ることに成功している。その背後にナタンの策略が見え隠れするとしても我が子を即位させようとする戦略は老獪であって、そのためにバト・シェバ像は悪女のイメージを伴って形成されてきたのではないかと思われる。

世俗政治においては、性急に王位簒奪をめざすアドニヤと彼の支持者に敵対するバト・シェバ（ナタン）勢力が背景にあったのであろう。しかし、「物語」は世俗政治以上に人間的とも言えるバト・シェバの野望が出来事の背景にあったと伝えようとしているように読めてくる。ソロモンの即位は彼の母親さえも巻き込んだ人間的な権力欲とそれを実現しようとする権謀術数の結果であったのかもしれない。

この関係を単純に図式化すれば、ダビデは醜悪な罪人ではあったが、悔い改めという信仰コードの設定によってイスラエルの理想とされ、バト・シェバはその登場においてはダビデの犠牲者ではあったが、我が子の権力掌握を主導した悪女として描かれているように思われる。

しかし、「継承物語」はこのようなステレオタイプの人物像を描いているのだろうか。

「物語」はどのような人間世界の深層を読者に拓いているのだろうか。以下、本稿においては、「バト・シェバ事件」を始め、この事件に連鎖して報告されている「タマルの悲劇」、そして「テコア出身の賢い女性」の三つの物語を読み解いてみたい。「継承物語」は王位継承という主題の脇道とも思える舞台に登場させた三人の女性の悲劇を通して、現実の歴史に隠された神の働きをどのように描こうとしているのだろうか。読者は、徹底して世俗的出来事を綴ったように見える「物語」のなかに、はたして見えざる神の働きを見つけることができるのだろうか。三人の女性たちの視点から「王位継承」という重大な事態の深層に何が語られているのかを探ってみたい。

三　バト・シェバ事件（サム下一一1―27）

バト・シェバは悪女か

まず、この事件の粗筋を確認しておこう。

ダビデは司令官ヨアブと、自分の家臣団、イスラエル全軍を派遣してアンモン人を滅ぼし、ラバを包囲した。ところがダビデはエルサレムにとどまっていた（A）。

ある夕暮れに午睡から醒めて王宮の屋上を散歩していたダビデは、沐浴中の美しい女性に目をとめた。調べた結果、エリヤムの娘バト・シェバで、ヘト人ウリヤの妻であることが判明。使者を介して彼女を王宮に召し入れたダビデは、そこで同床するが、帰宅した彼女は使者を通じて妊娠をダビデに報告。ダビデはヨアブにウリヤを帰還させるように命じた。帰還したウリヤにダビデは軍の安否と戦況を尋ね、帰宅を許可したが、ウリヤは帰宅せず。尋問するダビデにウリヤは戦争という非常時に、自分の例外はゆるされないと弁明。こうしてウリヤはその翌日も帰宅しなかった。

翌朝、ダビデは戦地の司令官ヨアブ宛の書簡をウリヤに託した。そこには「ウリヤを激しい戦いの最前線に出し、彼を残して退却し、戦死させよ」とあった。命令は実行され、ウリヤは戦死。

ヨアブは使者に対して顛末をダビデに報告するように命じた。その際、ヨアブは使者に、王が建前の上でも、軍の戦略的失敗を批難した場合の答弁まで教示。使者はダビデに敵軍の優勢によってヨアブ軍に多くの損失があり、ウリヤも戦死したことを報告した。これを聞いたダビデは、使者を介してヨアブを激励。

ウリヤの妻（バト・シェバ）は、これを聞いて嘆いたが、喪があけて、ダビデは使者を介して彼女を王宮に入れ、妻とし、彼女は男児を出産した。ダビデのしたことは主の心に適わなかった（A′）。

最終的にダビデの王位を継承することになったソロモンの母バト・シェバの「物語」における登場は、ダビデの欲望の餌食となった悲劇の女性として描かれている。

しかし、たとえば左掲の絵はどうだろうか。多くの聖書絵画を描いたことで知られる一七世紀のレンブラントの筆による「バト・シェバ」である。右手には使者を介して手渡された一枚の手紙が握られている。最初に王宮に召喚されたときのものなのか、あるいは夫ウリヤの死後、再びダビデに召喚されたときのものであったのかは推測の域を出ない。

けれども、ダビデからの召喚状を手にして身支度を調えるバト・シェバの裸体は、この事件の責任がひとりダビデの倫理性の欠如に帰せられるものではないことを訴えてはいないだろうか。この絵が描かれた時代のオランダにおけるプロテスタント市民社会の倫理的感覚は、この絵をどのように受け容れただろうか。悔い改めの詩編において「罪から清めてください」と祈らざるを得なかったダビデを誘惑した犯人像をバト・シェバの姿態に重ねたに違いない。少なくともこの絵はバト・シェバにも相応の責任があったと主張しているような印象を与えている。場面が最初の召喚のときであればウリヤはアンモン戦争に従軍していたときであり、二度目の召喚のときであれば、夫

Bathsheba at her Bath
1654 Oil on canvas, 142 x 142 cm
Musée du Louvre, Paris

の裳が明けたばかりであった。いずれにしてもレンブラントが描くバト・シェバは夫への背信の女性として描かれている。

それにもかかわらず、想像を逞しくして、バト・シェバの掌中にある手紙をダビデからのものではなく、物語の語り手から読者に宛てた手紙であったと考えてみることも不可能ではない。荒唐無稽な妄想と呼ぶべきかもしれないが、この手紙は、バト・シェバの心境と事態の深層を正確に読み取って欲しいと「物語」が読者に向けて発した重要なメッセージであったと読み解くこともできるのではないだろうか。はたしてバト・シェバにまとわりつく悪女のイメージは本来のものであったのかどうか。「継承物語」は醜聞の責任についてどのように理解していたのだろうか。

アンモン戦争という枠組み

さて、不名誉な形でバト・シェバの登場を紹介しているこの事件は、対アンモン戦争という文脈のなかで報告されている。ダビデはアンモン王ナハシュとの同盟によってサウル王の後を襲うことができた。ところがナハシュの息子ハヌンによる同盟関係破棄はダビデ王権を危機に陥れた。文脈は下掲図のように構成されている。

この事件は、アンモン戦争の推移を中断するようにして報告されている。アンモン戦争の戦況報告はこの中断を無視した方が理解し易い。では、この醜聞は戦況報告の箸休めのような意味で挿入されているのだろうか。そうであるならば、この事件がダビデ・ソロモン王朝に残した負の印象はあまりにも大きいだろう。

粗筋に示した（A）「ダビデはエルサレムにとどまっていた」―（A′）「主（ヤハウェ）の心に適わなかった」という事件の冒頭と結末の対応は興味深い。ダビデは本来、全軍の指導者であった。ところが、ダビデはその責任を放棄していたことになる。（A）に提示されたダビデの無責任な行動がこの醜聞を招くことになった。ダビデはアンモンの首都ラバに向けて自軍を派遣していたにもかかわらず、ダビデ自身は戦線に出ることをせずにエルサレムにとどまっていたのである。（A）は、この

【アンモン戦争・10:1-11:1】
⇓
バト・シェバ事件・その後*
⇓
【アンモン戦争・12:26-31】
＊その後＝ナタンの叱責、子の死

とき王が全軍の指導者として戦線を指揮していれば、この失態は起こり得なかったであろうことを読者に推測させているのである。

したがって、(A)

年が改まり、王たちが出陣する時期になった。ダビデは、ヨアブとその指揮下に置いた自分の家臣、そしてイスラエルの全軍を送り出した。彼らはアンモン人を滅ぼし、ラバを包囲した。しかしダビデ自身はエルサレムにとどまっていた。(一一1)

は単なる状況の報告とは言えない。明確にダビデの王としての欠格を批難する意図を持っている。そして(A′)、

ダビデのしたことは主の御心に適わなかった。(一一27c)

は、(A)とともにこの事件の枠組みを構成していると読むことができる。もちろん、

「ダビデのしたこと」とは、直接的にはこの事件に報告されたダビデ自身の欲望充足のためにバト・シェバと夫ウリヤを犠牲にしたことを指している。しかし、その遠因は（A）にあったのであり、「ダビデのしたこと」は一義的な行動を指していたわけではない。バト・シェバ事件の全体を通して重層的で多義的なダビデの行動を指していたのである。その重層性と多義性はダビデの犯した罪の多様性を示してもいたと考えられるだろう。

王は本来ヤハウェの戦い（聖戦）の指揮官であった。その前提で考えれば、エルサレムにとどまったダビデはヤハウェとの同行を拒否したのであり、部族連合時代におけるヤハウェ理念の否定にも繋がりかねない。ここでは指導力や責任感を欠いたダビデひとりが糾弾されているのではない。むしろ、ダビデ・ソロモンといった世襲王朝の成立そのものが、前時代のヤハウェ主義とは次元を変えた制度的な国家形成の試みであったのであり、時代が過渡期にあったときの看過できない歪みを露呈していたのである。したがって、ダビデの悔い改め（詩編五一）もまた、ひとりダビデの心情に求められたものではなく、ヤハウェを中心とするイスラエル共同体全体の祈りとして成立し読み継がれてきたものとして理解されるべきであろう。

このような語りは（A）に登場する地名の連続を跡づけることでも明らかになる。物語は地名(topographic)コードよってつぎのように裏づけてみることができる。

①アンモン（1）
②ラバ（1）
③エルサレム（1）
④エルサレム（1）
=王としての欠格を批難
⑤戦いの最前線（15）=ラバ
⑥町（16）=アンモン
（⑦テベツはヨアブの発話中、使者を介しての条件文のなかにあり、除外）
=バト・シェバ事件

つまり、バト・シェバ事件は「エルサレム」⇓「ラバ」⇓「アンモン」を地理的文脈として生起したことが報告され、逆に「アンモン」⇓「ラバ」⇓「エルサレム」とつづく文脈のなかで、ヤハウェの戦争（聖戦）指導者であったはずのダビデの職務怠慢が批難の対象とされていたのである。

ただ、事件はダビデの欲望とその犠牲になったバト・シェバを中心に語られている。バト・シェバの懐妊を知ったダビデは司令官ヨアブを介してウリヤに帰還を命じている。子どもの父親をウリヤであると偽装しようとしたダビデの策略は、ヤハウェの軍隊の同僚を気遣うウリヤによって失敗に終わってしまう。しかも、ウリヤはヘト（ヒッタイト）人であり外国人であったことになる。浅慮によって失態を収拾しようとするダビデ（6―8）は、ヤハウェ軍に忠誠心を示す部下に較べられて、その悪知恵は読者に内在する倫理的なコードに違反し、読者の批判の対象とされている。

神の箱も、イスラエルもユダも仮小屋に宿り、わたしの主人ヨアブも主君の家臣たちも野営していますのに、わたしだけが家に帰って飲み食いしたり、妻と床を友にしたり出来るでしょうか。あなたは確かに生きています。わたしには、そのようなことはできません。（11）

とするウリヤの心情告白は、

ダビデはウリヤを招き、食事を共にして酔わせたが、夕暮れになるとウリヤは退出し、主君の家臣たちと共に眠り家には帰らなかった。(13)

によって補完されている。しかも、意のままにならないウリヤにたいしてダビデはヨアブに「激しい戦場にウリヤを派遣し、ひとり孤立させて戦死させるように」(15)と命じている。陳腐にさえ思える王の欲望は、罪のないひとりの兵士を抹殺にと追い込んでしまった。ここでは、欲望とその結果との因果関係がたんに内在的な罪責観の問題としてではなく、社会関係における否定を伴うものとして鋭く洞察されている。

「物語」は、欲望とその結果について、つづく宮廷預言者ナタンの叱責(一二1―15a)によって、ダビデ自身に内在する倫理的判断を用いて自己検証するようにと迫る。「ダビデのしたことは主(ヤハウェ)の御心に適わなかった」(一一27)は、ヤハウェの次元と現実とを往還する語り手だけが認識し得るものではない。それは誰よりもダビデにおいて自覚されなければならなかった。

ダビデが激怒し、「主は生きておられる。そんなことをした男は死罪だ」（一二5）と宣告した物語は、ナタンが語った「貧しい男」の大切な一匹の小羊を取り上げた「豊かな男」の喩えにたいしてのものであった。

二人の男がある町にいた。
一人は豊かで、一人は貧しかった。
豊かな男は非常に多くの羊や牛を持っていた。
貧しい男は自分で買った一匹の雌の小羊のほかに
　何ひとつ持ってはいなかった。
彼はその小羊を養い
　小羊は彼のもとで育ち、息子たちと一緒にいて
彼の皿から食べ、彼の椀から飲み
彼のふところで眠り、彼にとっては娘のようだった。

ある日、豊かな男に一人の客があった。
彼は訪れて来た旅人をもてなすのに
自分の羊や牛を惜しみ
貧しい男の小羊を取り上げて
自分の客に振る舞った。（一二1―4）

王として「豊かな男」の死罪を宣告し、彼の無慈悲な行為にたいして四倍の支払いを命じたダビデは、その直後にナタンによって「その男はあなただ」（7）と断じられたことによって、その正義の基準を自らに向けなければならなかった。「物語」は、ウリヤを死に追いやり、その妻を自身の妻として奪い去ったダビデの心の葛藤などには関心を払ってはいない。ナタンによる完膚なきまでの叱責にダビデはただ自らの罪を告白することでしか応じることが出来なかったのである。

わたしは主に罪を犯しました。（13）

は、「ダビデのしたことは主の御心に適わなかった」に対応している。語り手が告知したヤハウェの判断をダビデは自身の倫理基準において了解しなければならなかったのである。バト・シェバ事件の結末となるナタンの預言、

しかし、このようなことをして主を甚だしく軽んじたのだから、生まれてくるあなたの子は必ず死ぬ。(14)

は、神による一方的な通告としてではなく、罪を自覚したダビデの人間的な自覚において納得された結末だったのである。

倫理基準と埋め込まれたコード

さてバト・シェバ事件の記述には、同一次元(パラダイム)における「規範」―「脱規

範」とでも言えそうな二項対立的構造を数多く確認することができる。そのいくつかを挙げてみたい。⑴戦場―非戦場（宮廷）、⑵聖戦―欲望、⑶敵状調査―女性の身辺調査、⑷イスラエル人―ヘト（ヒッタイト）人、⑸婚外関係―婚内非関係、⑹戦争の安否―部下の戦死命令、⑺敗北の責任―王の意図、⑻夫の死―妻の再婚などである。これらの二項対立は以下のように説明される。

⑴　王ダビデの指揮下にあるイスラエルの全軍はアンモン戦争の最中であり、王も当然戦場にいなければならない。しかし、王は実際には責任を放棄して非戦場である宮廷に留まっていた。

⑵　全軍がイスラエルの聖戦に従事していたときに、王はバト・シェバへの関心を示していた。この場合聖戦は軍事コードではなく、宗教的コードであってイスラエルの信仰コードをダビデは逸脱した場所にあったことを明示している。

⑶　犠牲となったウリヤは敵状を王に報告する役目を負っていたが、王は「人をやって女のことを尋ねさせ」（３）、その結果、バト・シェバの素性を確認している。

(4) ヤハウェの軍隊とも言うべき軍の同僚たちに忠誠を誓ったウリヤはヘト（ヒッタイト）人であり、外国にルーツがあるのにたいして、王は様々な意味においてイスラエルの理想（範型）であるべきだった。

(5) ダビデとバト・シェバは婚外関係にありながら性的関係にあり、バト・シェバとウリヤとは婚内関係にありながら、聖戦時を理由にして、性的には非関係であった。

(6) 自己正当化の工作が不調に終わったダビデは、ウリヤを激しい戦場に送り出すようにとの指示を指揮官ヨアブに送っている。その体裁は戦況の安否確認を偽装するためのものであった。その偽装された安否確認はヨアブ殺害の指令そのものであった。

(7) 敗北の責任はダビデにあった。戦略の不備を問われたなら、「王の僕ヘト人ウリヤも死にました」(21)と答えるようにと使者に指示をしたヨアブは、バト・シェバ事件の真相を知る者のひとりであった。ヨアブは人間的な工作によっては隠し通すことのできない次元があることの証人でもあったのである。

(8) 夫ウリヤの戦死は実質的にダビデの自己保身のための犠牲死である。いっぽうで妻バト・シェバはこの事件をきっかけに宮廷入りをし、やがては王位継承者の母としての道を歩むことになる。

これらの二項対立的構造からは、一貫して、あるいは集中的にダビデを批難の対象とし、バト・シェバにたいしてはむしろ同一パラダイムにおける批難を回避しようとしているような印象をうけるだろう。同一のパラダイムとは、この事件の報告に仕掛けられた「中心」⇕「周縁」、「聖」⇕「俗」、「支配」⇕「被支配」、「道徳」⇕「反道徳」、「倫理」⇕「非倫理」「規範」⇕「脱規範」といった枠組的な構造のことである。「継承物語」はバト・シェバ事件において、これらのパラダイムの混乱を描いていた。しかし、時系列において混沌と事態の進展を語る「物語」にあっては、この混乱はある特定の時間に切断された混乱ではない。むしろ、信仰共同体的としてのイスラエルが世俗的王制国家として変貌する時間のなかで出現した過渡期における混乱でもあった。

四　タマルの悲劇（サム下一三1―22）

「継承物語」は、ダビデとバト・シェバとの間の第一子の死（一二18）につづいて、第二子が誕生したことを報告している。

バト・シェバは男の子を産み、ダビデはその子をソロモンと名付けた。主はその子を愛され、」（サム下一二24b）

は、やがてソロモンがダビデの継承者となることを預言するかのような情報として挿入されている。しかし、この預言が成就するのにはさらに長い紆余曲折が必要であった。

ダビデの長男アムノンはヘブロンで誕生したが、異母兄弟の三男アブサロムの妹タマルにたいする恋慕を募らせる。アムノンは友人で従兄弟でもあったヨナダブの助言によってタマルに接近する。当時、異母兄妹の間での結婚は禁じられていたと考えられるが（レビ二〇17、申命二七22）、王家においては王の許可によって特例扱いされることもあったのかもしれない（一三13）。では、なぜアムノンは正攻法によってタマルに近づかなかったのか。ダビデの宮廷においてヨナダブの微妙な立ち位置が影響していたのかもしれない。背景には王位継承をめぐってアムノンとアブサロムとの間に相当な確執があったと想像するのが自然かもしれない。

　この異母兄アムノンによるタマルへの恋慕は成就することはなかった。バト・シェバ事件がダビデ王に起因する罪を問題にしていたとしたら、「タマルの悲劇」はその「罪」が王家の次世代にまで拡大し、ダビデ王の継承問題に長期にわたる暗雲として垂れ込めることになる予兆のように考えながら読むことができる。事実、アブサロムは妹タマルが陵辱されたことに立腹し、アムノンに復讐した勢いを借りて、父ダビデの政権奪取をも試みている。そのためにダビデは一時エルサレムを離れざるを得ないところまで追い込まれてしまう。それは、政治的混乱だけではなく、神の箱（ヤハウェ）を安置して宗教的にも正当性を確立したエルサレムのことを思えば、宗教的次元における混乱でもあった。これら一連の混乱の起点となったのが「タマルの悲劇」だったのである。

愛から憎しみへ

発端はアムノンの異母妹タマルへの恋慕であった。「妹タマルへの思いにアムノンは病気になりそうであった」(2)からは、「継承物語」においてこの出来事がどのような結果を招くことになったのか想像することすらできない。それは短い恋のエピソードのまま終わっていたかもしれない。それはあくまでもアムノンの恋情(愛)であって、王位継承の問題とは無関係に見える。「物語」は政治と宗教に大きな混乱をもたらした出来事の転換点を、アムノン個人の恋愛感情の変化にあったと報告したいのだろうか。病気を装うアムノンを見舞ったタマルを暴力的に陵辱したアムノンの愛は、その途端にもっと激しい憎悪にと変わってしまったのである。

アムノンはヨナダブの入れ知恵によって病気を装い、父ダビデからタマルに病気見舞いを命じさせることに成功した(5—9)。タマルがそれを拒まなかったのは家族の一員としての兄を思う気持ちのためだったのだろう。しかし、アムノンの真意を知ったタマルは、「愚かなこと」(12、13)と拒絶しながら、「どうぞまず王にお話ください。王はあなたにわたしを与えるのを拒まれないでしょう」(13)と結婚を視野においた提案をして、事態の収拾を試みている。苦し紛れの言い訳であったかもしれない。しかし、タマルは想像すら出来なかった事態に直面し、瞬時に、彼女自身も含めて関係者が納得できる方途を見つけようとしたのであった。

ところが、タマルの機転とは対称的にアムノンの愛は憎しみにと転じてしまう。

そして、アムノンは激しい憎しみを彼女に覚えた。その憎しみは、彼女を愛したその愛よりも激しかった。アムノンは彼女に言った。「立て、出て行け。」(15)

乱暴に追い出されたタマルは、

頭に灰をかぶり、まとっていた上着を引き裂き、手を頭に当てて嘆きの叫びをあげながら歩いて行った(19)。

行き着いた先は兄アブサロムのところであった。「物語」はひとりの王女を犠牲にしたまま、「バト・シェバ事件」以来の悲劇が、王家、宮廷から社会と国家の混乱へと波及する様を報告している。たとえ王位継承候補者（王子）たちの争いが激烈なものであったとしても、その重要な発端（転換点）は長男アムノンの心変わりにあったということだろうか。

下の図は、「タマルの悲劇」における愛憎の転換点に至る過程とその結果とを示している。「継承物語」はこのようにして、ダビデ王位継承問題の深層に「バト・シェバ事件」のときと同様に、周囲との関係を切断して自分本位な行動を制止きれなかった王子アムノンの心のなかを立体的に浮き彫りにしているように見える。

アムノンはヨナダブやダビデとの会話においてはタマルへの恋

「タマルの悲劇」における連鎖構造
（the Structure of chain・フォッケルマンの分析を参照）

愛 ／ 憎

タマル ＋ アムノン（周囲との関係切断）

（使者を介して）ダビデ ＋ タマル　アムノン ＋ 従者（タマル追放目的）

アムノン ＋ ダビデ（見舞い）　従者 ＋ タマル（嘆き）

ヨナダブ ＋ アムノン（タマルへの恋）　タマル ＋ アブサロム（憎悪・復讐）

⇒愛　憎⇒

情（愛）を募らせるが、タマルと密室でふたりだけになったときに、突然その愛を憎へと変質させてしまう。後半においては、タマルが抱えた嘆きは、兄アブサロムに転移してアブサロムの憎悪と復讐へと変じていくのである。この愛／憎のメカニズムを深層心理の分析を通して明らかにすることも可能であるのかもしれない。しかし、物語の分析において明確であるのは、このアムノンの心の変化がタマルとふたりだけの密室で起こっていることにある。「タマルの悲劇」は、誰にも知られてはいない空間のなかで生起した出来事であったことがより重要であったと思われる。この密室こそ、関係者において情報を共有することのできない場所であり、出来事の表層を越えて原因と結果とを描こうとしている「継承物語」全体を象徴する空間でもあったと考えられる。この密室の出来事を確実に知り得ているのはアムノンとタマルのほかに読者だけである点も忘れてはならない。物語は、その真実を関係者に隠しながら、しかし読者にその秘密を明らかにしながら語りつづけている。

語りの枠組みと構造

「タマルの悲劇」においても特徴ある語りの枠組みや構造をいくつか指摘することができる。いまアムノンの胸中に起こった愛⇓憎の移行を語りの連続性において確認したが、この連続のなかでタマルにたいするアムノンの行為とタマルの反応を中心に列挙してみると左のような構図を確認することができる。

アムノン、タマルに関係を強要
　タマルの懇願（イスラエルの愚行！）は拒否
　　アムノン、タマルを陵辱（愛は憎しみに転化）
アムノン、タマルに帰還を強要
　タマルの懇願（もっと大きな悪！）は拒否

（リダウトを参考に作成）

このように、タマルを陵辱し、愛を憎に転化したアムノンを中心におけば、その前後においてはタマルを拒否しつづけたアムノンの姿が浮かぶのである。このような語りの構造から物語を読み解けば、この物語はアムノンの心変わりを描いていたというよりも、じつは頑なにタマルを拒否しつづけたアムノンの物語でもあった。「物語」は異母妹タマルを愛したというよりも、その深層においてじつは拒否しつづけたアムノンを刻印することで、タマルの実兄アブサロムとの葛藤と対立を印象づけているのかもしれない。

さらに、「タマルの悲劇」における会話文にも注目してみたい。つぎの一覧表は会話文における《発話者》、《相手》、《聖書箇所》を並べたものである。

《発話者》		《相手》	《箇所》
ヨナダブ	↓	アムノン	(4)、(5)
アムノン	↓	ヨナダブ	(4)
アムノン	↓	王(ダビデ)	(6)
アムノン	↓	従者	(17)

アムノン　↓　タマル　(10)、(11)、(15)
タマル　↓　アムノン　(12—13)、(16)
アムノン　↓　従者　(17)
アブサロム　↓　タマル　(20)

アムノンによる発話は六回あるが、相手は家人、従者も含めて、アブサロム以外のすべての登場人物に及んでいる。いっぽうでアブサロムの発話は一回のみであり、相手も実妹タマルに限られている。とは言え、

兄アムノンがお前と一緒だったのか。妹よ、今は何もいうな。彼はお前の兄だ。このことを心にかけてはいけない。(20)

には、(1)事実の確認、(2)口外の禁止、(3)タマルへの配慮（気にしないように）といった要素が順序立てられて配置されていて、言説としては兄として妹の悲劇に冷静に対応してい

るように見える。ただし、短い発話のなかに「彼（アムノン）はお前の兄だ」と反復されているのは周知の事実の繰り返しであり、冗長な情報である。その冗長性こそが苛立つアブサロムの内面における葛藤を暗示していて、彼の激しい怒りを伝えている。その怒りはタマルがアムノンに向けた、

いけません、兄上。わたしを辱めないでください。イスラエルでは許されないことです。愚かなことをなさらないでください。わたしは、このような恥をどこへもって行けましょう。あなたも、イスラエルでは愚か者の一人になってしまいます。どうぞまず王におはなしください。王はあなたにわたしを与えるのを拒まれないでしょう。（12—13）

いいえ、わたしを追い出すのは、今なさったことよりも大きな悪です。（16）

という二度の糾弾に応答するものであり、この兄妹の共鳴は、共感を誘うようにして読者

を巻き込んでアブサロムによる復讐劇を準備していくことになるのである。

そのほかにもアムノンとタマルの発話を比較してみると、タマルはアムノンへの応答の場合にだけ発話をしているが、アムノンの発話は短く命令形を基本とするのにたいして、タマルの発話は長く倫理的、建設的であるといった特徴を見いだすこともできる。

五 「テコア出身の賢い女性」物語（サム下一四1—20）

妹タマルを辱められ、アムノンを憎悪したアブサロム（一三22）は、復讐を実行する。
アブサロムが王子を一人残らず撃ち殺したという知らせがダビデに届いた。王は立ち上がると、衣を裂いて地面に身を投げ出した。（一三30—31）
衣を裂いて身を投げ出す王の悲しみは、「まとっていた上着を引き裂いた」（一三19）タマルの悲しみに響き合っていたのかもしれない。もはや王位継承者（王子）たちの間の派閥力学と抗争の問題ではない。ダビデの宮廷は世俗と欲望、私怨にまみれながら、心に深い傷を負うことだけを家族の共通の基盤としていたように見える。実際に復讐劇の犠牲となったのは王子たちのすべてではなく、アムノンひとりであった。しかし、この復讐の成功こそが、「アブサロムは逃亡した」（一三34）原因となった。復讐した者は、復讐されることを恐れなければならなかった。当初、アムノンの死を悼みつづけたダビデであったが、三年間の時を経て、

アムノンの死をあきらめた王の心は、アブサロムを求めていた。（一三39）

と、その願うところを変えていた。

「継承物語」における位置

「テコア出身の賢い女性」物語は、復讐を遂げたアブサロムの復帰を願ったダビデの真意を察したツェルヤの子司令官ヨアブが計画した出来事から報告をはじめている。

テコアに使いを送って一人の知恵のある女を呼び寄せ、彼女に言った。「喪を装ってほしい。喪服を着、化粧もせず、長い間死者のために喪に服しているように装うのだ。そして王のもとに行き、こう語りなさい。」ヨアブは語るべき言葉を彼女に与えた。（2―3）

ヨアブの指示によって、喪を偽装してある訴えを起こすことで、王自身に心を開かせることがテコア出身の賢い女性の使命であった。この出来事は「継承物語」全体においてはどのような文脈のなかで報告されているのだろうか。「物語」全体はおよそつぎのように三部によって構成されている。改めて「継承物語」の全体を俯瞰し、この出来事の文脈における位置を確認しておきたい。

（第一部）
サウル家残党（メフィボシェト）の処遇、アンモン戦争、バト・シェバ事件、ソロモン誕生　（継承問題は非顕在）
（第二部）
アムノン（タマルの悲劇）、【テコア出身の賢い女性】物語、アブサロムの反撃、シェバ（サウル系残党）による継承権争い　（継承問題の顕在化）
（第三部）
ソロモンはアドニヤ（四男）を退け、即位　（継承問題の解決）

王位継承問題を中心に考えると、第一部ではまだ王位継承問題は具体的に提起されてはいない。「継承物語」の起点をどこに見るべきかの議論が分かれるのもそこに理由がある。「物語」は事態の推移を語りながら、やがて生起し、そのつぎに解決されなければならない課題を潜在化させているのである。原因は課題が解決したときに、あとから推測してみることしかできない。その推測は事態の関係者、解釈者など、その立つ場所によっておなじではない。読者は、サウル王の孫にあたるメフィボシェトが生き残っていたことを「物語」を通して知らされる。ダビデとおなじ視点に立たされているのである。サウル系の残党者の話題は一見、ダビデの王位継承とは無関係のようだが、前王家の残党者の処遇を誤れば、ダビデ政権の継承どころではなくなってしまう。また、その成否によっては前政権との連続性を強く印象づけることも可能になる。アンモン戦争、バト・シェバ事件、そしてソロモンの誕生もすでに継承候補者（王子）たちが存在した宮廷においては、ダビデの醜聞程度の出来事にすぎなかったはずである。それが、ダビデと読者に共通する認識であったろう。

「テコア出身の賢い女性」物語が挿入されているのは第二部である。この箇所に報告されている異母兄アムノンによるタマル陵辱事件は、タマルの実兄アブサロムの怒りの原因となったことが報告されている。復讐を遂げて追放されたアブサロムが、一度はダビデとの関係を回復できたのは、司令官ヨアブの機転と彼の指示によって行動したテコア出身の女性の賢明な工作によったのである。しかし、直接の再会（和解）を避けたダビデの態度は、アブサロムを硬化させてしまった。アブサロムはついに反旗を翻し、ダビデとの対立は危機的な局面にと陥ってしまう。「継承物語」はこの間の状況をつぶさに報告している（一五―一九章）。両者は互いに軍を率いて対立し、アブサロムは逃亡途中で不幸な死を遂げてしまう。ダビデもこの対立によって一時はエルサレムからの脱出を余儀なくされ、戻ってからもサウル系の残党問題への対応が迫られていた。第二部では、王位継承候補者同士の抗争ばかりか、ダビデ自身が首都を脱出せざるを得なかったほどの危機に直面していたのである。

第三部では、ソロモンの即位によって、混迷した王位継承問題は最終的に決着したことが報告されている。ダビデの二男キルアブの消息は詳らかではないが、早逝したと思われる。長男アムノンと三男アブサロムはもはや存在しない。残った四男アドニヤは王の老衰に乗じて一部勢力の指示を得て反乱を試みている。「継承物語」は、最終的にソロモンが即位した背景にはナタンとバト・シェバの意図が働いていることを語って幕を閉じている。不幸とも思えたダビデとの結婚によってソロモンの母となったバト・シェバは、王の母として歴史にその名を刻まれることになった。その生涯はどのように評価されるべきだろうか。「物語」は、その評価については沈黙したまま、宮廷内の骨肉の争いを描きつづけた筆を擱いている。

「テコア出身の賢い女性」物語に戻ろう。

アブサロムは、ゲシュルの王アミフドの子タルマイのもとに逃げた。ダビデはアムノンを悼み続けた。アブサロムはゲシュルに逃げ、三年間そこにいた。アムノンの死をあきらめた王の心は、アブサロムを求めていた。（一三37―39）

「テコア出身の賢い女性」物語はこの直後に接続している。それは「アブサロムを求めていた」ダビデを忖度した出来事の報告であった。ダビデの悩みは、追放したアブサロムをどのように復帰させるのかにあった。ただ、つぎの結果を読めば、

ヨアブは立ってゲシュルに向かい、アブサロムをエルサレムに連れ帰った。だが、王は言った。「自分の家に向かわせよ。わたしの前に出てはならない。」アブサロムは自分の家に向かい、王の前には出なかった。（一四23―24）

テコアの女性の行動は、ひとたびアブサロムを復帰させることには成功したものの、結局はアブサロムに王のゆるしを得させることは出来なかった。それはむしろ、つづくアブサロムの長期にわたる反乱と宮廷の混乱の序章にすぎなかったことになっていたことに気づかされるのである。

では、「継承物語」においてテコア出身の賢い女性の努力は水疱に帰してしまったのだろうか。ここには「課題・欲求の提示」と「解決・実現」が物語のモチーフとして繰り返されている（コンロイ）ことに注目してみたい。

欲求の提示（王の心は、アブサロムを求めていた）
　障害の暗示（王の意図・対面は事態に不都合）
　　ヨアブの策略（テコアの知恵ある女性を派遣）
　　　実施（虚構事態の解決＝［王による］、王の事態の解決＝［女による］）

策略の成功

障害の除去（王はアブサロムの帰還を命令）

新たな欲求の提示（アブサロムは・・・王の前にはでなかった）

この構図において、中心にある「実施」はテコア出身の女性による兄弟殺しという虚構の陳述と王ダビデが抱えたアブサロムへの屈折した気持ちとの類似性の確認において実現されている。両者の類似性をテコア出身の女性に指摘されたことで、王は自らがどのような状況におかれているのか、その硬直化した状況を変えるにはいったい何が必要なのかについて考えさせられているのである。「テコア出身の女性」物語は、「物語」第二部に構造化されていた。その後のアブサロムによる大規模な反乱から見れば、むしろその計画は不成功に終わったと見るべきかもしれない。しかし、人間の洞察による因果律の向こう側に事態打開への選択肢が隠されていることを提示している点で、「継承物語」全編にわたる「読み」の視点を提供しているように思われる。テコア出身の賢い女性は、虚構の陳述によってダビデに人間的な正義感や王の立場に隠れていた自らの胸中を読み解かせることに成功したように、読者にも「物語」に隠された深層を読み解く方法を示唆していたのである。

ダビデとテコア出身の女性

テコア出身の賢い女性は、読者にどのような、そしてどのように「継承物語」の深層を読み解かせようとしていたのだろうか。まずはこの女性が示した王ダビデの判断を促すための演技と陳述の主要点を整理しておこう。

(1) ヨアブから未亡人としての振る舞いを細部に至るまで指示された彼女は（2）、王の前では「わたしは実はやもめでございます。夫は亡くなりました」と自己紹介をしている（5）。後半の「夫は亡くなりました」という台詞は、直前で未亡人であると断っているので、同義反復となるが、彼女が置かれた状況を強調する意図を伺うことができる。

(2) 彼女にはふたりの息子がいたが、ふたりは互いに争い、ひとりがほかのひとりを殺害してしまった（6）。
(3) 兄弟殺害の罪を負った残るひとりの息子さえも、その罪のために一族の者たちによって処罰されようとしている（7）。最悪の事態に直面したときに、人はしばしば呪詛の言葉を口にするものであるが、彼女もまた残るひとりの息子の助命を願いながら、「（一族の者が皆）はしために残された火種を消し、夫の名も跡継ぎも地上に残させまいとしています」（7）と訴えている。
(4) 彼女は一族の者たちが理想と掲げる正義が、彼女にとっては最終解決にならないことを長々と陳述するのである（7）。

テコア出身の賢い女性はこうした演技と語りによって、罪人がかならずしも処罰され、追放されるべきではないこと、場合によっては、罪人が家族という共同体から追放されずに留まることも可能であるとする王の判決を得ようとしたのであった。事実、ダビデは「血の復讐をする者が殺戮を繰り返すことのありませんように。彼らがわたしの息子をたち滅ぼしてしまいませんように」と訴えるこの女性に「お前の息子の髪の毛一本たりとも地におちることはない」（11）と言質を与え、自らの判決を確証している。

テコア出身の賢い女性による陳述が、アブサロムにたいするダビデの心情を類比的に提示しているものなのかどうかは議論の余地があるかもしれない。しかし、彼女の演技と陳情は、たとえそれがヨアブの指示であったとしても、アブサロムにたいして頑ななダビデの気持ちを転換するのに十分な動機になっている。つづいて、

(5) 王による判決が下ると、テコア出身の賢い女性は直ちにその判決の結果こそ、じつは王自身に適応されるべきであると宣言している。それはナタンの叱責の反復であり、ダビデにとって、そして読者にとっても既視感を禁じ得ない。

(6) 彼女の言葉が終わると直ちに、王は彼女の一連の行動にヨアブの指示があったのではないかと問いただす（18―19）。

(7) 彼女はこの事実を認める。

(8) そこで王はヨアブを呼び、アブサロムを連れ帰る許可を与える。

⑼　このことは王子アブサロムの安全な帰還とその可能性を意味していた。となる。⑸は大きな転換点であった。

主君である王様、それではなぜ、神の民に対してあなたはこのようにふるまわれるのでしょう。王様御自身、追放された方を連れ戻そうとはなさいません。王様の今回のご判断によるなら、王様は責められることになります。(13)

ナタンが「バト・シェバ事件」の直後にダビデに語った「貧しい男の小羊を奪った豊かな男」（一二1―4）が想起される。このときのテコアの女性の対応は、それを聞いて激怒したダビデに「その男はあなただ」と叱責したナタンにも匹敵するだろう。王が耳を傾け、怒り、また判決を下したのはどちらも虚構の物語にたいしてであった。テコアの女性の指摘を受けたダビデは、彼女の長い説諭を聞くうちに、彼女を襲った不幸が、じつは虚構の物語であったことを知ることになった。しかし、この虚構の物語こそ、ダビデ自身が抱えるアブサロム問題の解決への糸口を提供していたのである。
この虚構物語には、一族にとっての兄弟殺し、ダビデにとってのアブサロム、そしてヤハウェにとってのイスラエルという二項対立的構造が重層的に反映していたのである。兄弟殺しの犯人も、アブサロムも、そしてイルラエルもまたそれぞれに帰属すべき共同体、すなわち一族、ダビデ王家、ヤハウェによる関係の回復と和解とを必要としていたのである。

わたしたちは皆、死ぬべきもの、地に流されれば、再び集めることのできない水のようなものでございます。神は、追放された者が神からも追放されたままになることをお望みになりません。そうならないように取り計らってくださいます。(14)

テコア出身の賢い女性の発話中に含まれるこの言説は回復と和解への道のりを示している。「(神は) そうならないように取り計らってくださいます」との確信は、人間の現実や事態改善への努力を遮断してはいない。むしろ、人は神による「取り計らい」のなかに巻き込まれ、その取り計らいの中で、回復と和解への道を見つけることになるのだろう。この場合、ダビデにとっての「取り計らい」はテコア出身の女性（ヨアブ）によって企てられていた。虚構の陳述に重層する二項対立的な構造においては、対立者間にあって調停する者の役割に相当する。一族と兄弟殺しの間には、王による調停が必要であった。そして、「物語」のなかに名前さえ記載されていないひとりの女性が、事態の深層に横たわる解決の糸口を見つけ、神の取り計らいの代行者として、この抜き差しならない事態に巻き込まれながら、調停者としての役割を見事に演じていたのであった。

テコア出身の賢い女性による陳述と王が息子アブサロムに寄せる屈折した気持ちの間の類比性は明らかであるが、この場面では、王ダビデ自身がテコア出身の女性との対話のなかで、徐々に自身の現実に気づかされていった変化はより重要であったと思われる。

テコアの女性による虚構の陳述のなかに重層する対立者と調停者（あるいは仲保者）の間の関係類比（analogia relationis）的構造に注目してみると、そこにはヤハウェとイスラエルとの関係を調停（仲保）する者は誰かとの問いが内包されていたことがわかる。キリスト教の立場から考えれば、新約聖書が証言するイエス・キリストの仲保者性についての考察が期待されていると考えられるだろうか。それは、およそ以下のような類比的構造によって重層的に考察される。

一族（共同体）　─　テコア出身の女性（母）　─　兄弟殺しの犯人（息子）
ダビデ（父）　─　テコア出身の女性（ヨアブ）　─　アブサロム
ヤハウェ（イスラエル共同体）　─　イエス　─　信仰共同体

この図は、アブサロムの復帰を許可するためには、ダビデ自身がイスラエル共同体の指導者としての立場を逸脱して、家族共同体における父としての自覚が必要であったことを示唆してはいないだろうか。「継承物語」が社会常識や倫理、宗教的規範性から逸脱した王や継承候補者（王子）たちを描いてきた理由もそこにあったのかもしれない。「物語」はその語りの戦略において、読者の正義感からも逸脱する人びとをあえて主人公としてきたのである。むしろ「継承物語」は、正義を貫くことのできない登場人物の赤裸々な姿のなかにこそ、神の働きが隠されていること、そしてそれを見つけることをめぐって成立してきた物語であった。

もし、このような推測が可能であるのならば、「継承物語」前半に連続する「バト・シェバ事件」と「タマルの悲劇」は王ダビデとその継承候補者（王子）たちの醜悪な事態を暴露し、告発する機能とは別に、王ダビデとその継承者たちや関係者を、王的権威や国家的権力などとは異なる、むしろより私的な家族共同体とでも言うべき次元に再生させるための機能をもっていたのかもしれない。「継承物語」に報告されているこれらの醜聞は、たとえダビデのような王であったとしても所詮はひとりの男にすぎないとか、聖書伝承において信仰の模範とされるダビデであっても、清濁二面を併せ持っていたなどとの言説に転化され易い。けれどもここで重要なのは、登場する人物たちの人格的な揺れ幅が問題なのではない。むしろ、ダビデはテコア出身の女性が陳述した虚構に重ねられた類比のなかに、自らが王という立場を固定観念として身動きがとれないままでいたことを自覚させられたのであった。

エルサレムから逃れたダビデをマハナイムまで追撃したアブサロム軍は結局敗北し、アブサロムは不幸な死を遂げた。

アブサロムがダビデの家臣に出会ったとき、彼はらばに乗っていたが、らばが樫の大木のからまりあった枝の下を通ったので、頭がその木にひっかかり、彼は天と地の間に宙づりになった。乗っていたらばはそのまま走り過ぎてしまった。（一八10）

らばに乗って懸命に逃亡するアブサロムからは破滅的に死に向かう逃亡者像ではなく、はっきりと生きることの意思をもった人物像が浮かび上がる。しかし、おそらくは長髪であったであろうアブサロムの頭髪が災いとなった。彼の髪の毛は木にひっかかり、彼は「天と地の間に宙づり」となった。戦死でも自死でもない。生きることを切望した者が迎えたグロテスクでいたましい結末であった。しかし、アブサロムが宙づりになった空間こそ、神が創造したこの世界（天と地・創世一1）そのものであった。「継承物語」はアブサロムが宙づりになった天と地の間の空間において展開した王とその家族の物語であったのである。「物語」によって読者もまたこの空間に宙づりにされてしまうのだろうか。「物語」の空間が天でもなく地でもないことを忘れないために。

戦勝を伝えるふたりの使者にダビデは「良い知らせ」を期待していた。しかし、「良い知らせ」であるはずの使者たちの報告は、ダビデをひとりの父親の慟哭と奈落の底へと突き落とす。

ダビデは身を震わせ、城門の上の部屋に上って泣いた。彼は上りながらこう言った。「わたしの息子アブサロムよ、わたしの息子よ。わたしの息子アブサロムよ、わたしがお前に代わって死ねばよかった。アブサロム、わたしの息子よ、わたしの息子よ。」(一九・1)

は、「継承物語」の重要な到達点であろう。このとき、ダビデは王としての立場や社会的拘束とは無関係の場所にひとりの父親として立つことしかできなかった。その過酷な場所こそは、アブサロムが宙づりにされた「天と地の間」であったのかもしれない。「わたしがお前に代わって死ねばよかった」と嘆いてみても、自身の死はダビデにとってけっして現実とはならない。その現実と非現実が対立する間の空間に立って、父としての喪失の思いを「私の息子アブサロムよ、・・・アブサロム、・・・わたしの息子よ」の六度にわたって繰り返された同義の言葉に託したのだった。

おわりに

「継承物語」は単純なあるいは客観的な歴史記述とは考えにくい。本稿で取り上げた「バト・シェバ事件」、「タマルの悲劇」、そして「テコア出身の賢い女性」の場合はどうだろうか。これらの出来事はなぜ「継承物語」に記録されているのだろうか。前二者は女性たちが犠牲となった宮廷の暗部を描いている。いわゆる権力者による正史であれば削除され、無視されていたかもしれない。そして、テコア出身の女性は権力者に接近し、権力者自身に自らの判断を修正させるほどの知恵者であったのかもしれない。しかし、ここで彼女が王のより良い解決のために訴えた窮状は虚構の物語であった。

兄弟殺しの帰結は死による償いにあった。古代イスラエル民族は長期にわたってこの因果応報原理によって秩序を維持し、信仰共同体として歩みつづけてきた。ただ、それが固定的な観念となって社会と人を呪縛し始めたとき、人びとは現実の奥に潜む本質から遊離し、堅固なルールに左右されることになる。しかし、この因果律が本来は共同体を形成し、維持することを目的にして形成されたものであったとすれば、因果応報原則そのものが、存在の理由と基盤とを喪失してしまっていることにはならないだろうか。

テコア出身の賢い女性の陳述を前にした王ダビデには、家族共同体を維持するために、兄弟殺しの罪を負った男を家族共同体への復帰可能とする判断が要請されていた。ダビデには習慣化し自動化されたルールをいったん反故にして、家族共同体の安寧（シャローム）の回復を可能とする判断が求められていたのである。「テコア出身の賢い女性」物語は、その判断がヨアブによるものでもテコアの女性によるものでもなく、ほかならないダビデ自身によって判断されたものであったことを報告している。

テコア出身の賢い女性の役割は王ダビデに、家族共同体の秩序回復とそれの維持のためには、正義の徹底に優先するものがあると気づかせることにあった。彼女は定式化され、固定化された観念がいかに解決すべき課題の優先順序を見誤らせるものかの典型例を示し、解決のためには、赦（許）しという愛の発動が必要であることを訴えた。彼女の巧妙な誘導は、虚構の物語が示す類比性によって、ダビデ自身に潜在する愛を発動させることの成功へと導いた。

「継承物語」はその開始部が曖昧ではあるにしても、その前半部にダビデ王家の私事を克明に描いていた。「物語」は王家の体面のために犠牲となった女性たちの悲しみを目撃し、報告していたのであった。「継承物語」はそれらの犠牲をけっして小さな出来事であっと見積もりはしなかった。

このように「継承物語」における歴史認識は、歴史の現実に隠された形で働きかける神（ヤハウェ）の働きを物語という文学類型のなかに構造化し、ときには登場人物自身が虚構物語を読み解き、議論するようにして読者にその働きを届けることにあったのではないだろうか。

参考文献

Conroy, C. *Absalom Absalom! Narrative and Language in 2 Sam 13-20,* Analecta Biblica 81, Rome: Biblical Institute Press, 1978.

Crüsemann, F. *Der Wiederstand gegen das Königtum*, WMANT 49, Neukirchen – Vluyn, 1978.

Delekat, L. “Tendenz und Theologie der David-Salomo-Erzählung,” *BZAW* 105, Berlin: de Gruyter, 1967.

Dietrich, W. *Israel und Kannan*: Von Ringen zweier Gesellschaftssysteme, SBS 94, Stuttgart,1979.

Fokkelman, J. P. *Narrative Art and Poetry in the Books of Samuel*, vol. I: King David, Assen: van Gorcum, 1981.

Gunn, D. M. *The Story of King David*, JSOTSup 6, Sheffield: JSOT Press, 1978.

McCarter, jr., P. K. *II SAMUEL*, AB9, New York: Doubleday, 1984.

Ridout, G. P. “The Rape of Tamar (2 Sam 13:1-22),” In *Rhetorical Criticism: Essays in Honor of James Muilenburg*, ed. J. J. Jackson and M Kessler. Pittsburgh: Pickwick, 1974.

Rost, L. *Die Überlieferung von der Thronnachfolge Davids*, BWANT 3/6; Stuttgart: Kohl- hammer, 1926.

Schulte, H. "Die Entstehung der Geschichtsschreibung im alten Israel," *BZAW* 128, Berlin: de Gruyter, 1972.

Veijola, T. *Die ewige Dynastie, David und die Entstehung seiner Dynastie nach der deuteronomistischen Darstellung*, Helsinki: Suomalainen Akatemia, 1975.

Whybray, R. N. *The Succession Narrative: A Study of II Sam. 9–20 and I Kings 1 and 2*, Studies in Biblical Theology 2/9, London: SCM Press, 1968.

Würthwein, E. *Die Erzählung von der Thronfolge Davids-theologische oder politische Geschichtsschreibung?*, ThSt 115, Zürich: Theologischer Verlag, 1974.

石田友雄「ソロモンの王位継承—歴史と歴史記述をめぐる諸問題」『聖書学論集』第19号、一九八四年、五—四三頁。

中村信博「『テコア出身の賢い女性』物語について—サムエル記下14章の構造と機能に関する一

考察」『基督教研究』第44巻第1号、一九八一年、三〇―五〇頁。

――「タマルの悲劇―サムエル記下13章1―22節」『同志社女子大学学術研究年報』第39巻Ⅲ、一九八八年、一四三―一六五頁。

――「ダビデ王のスキャンダル―バト・シェバ事件をめぐって―」『同志社女子大学学術研究年報』第40巻Ⅲ、一九八九年、三〇一―三二四頁。

ゲルハルト・フォン・ラート（荒井章三訳）『旧約聖書の様式史的研究』日本基督教団出版局、一九六九年、一六九―二二八頁。

旧約聖書における物語文学の構造と主題

月本昭男

はじめに

創世記から列王記にいたる旧約聖書前半の「九書」は、冒頭の神話的色彩の濃い物語群にはじまります。続いて、古代イスラエルの父祖たちの物語、「出エジプト」からカナン定住にいたる民族の最初期の歴史物語を経て、士師たちの物語、サムエル、サウル、ダビデの物語へと展開してゆきます。ダビデを継いだソロモン時代から王国時代の終焉までは、総じて、歴史記述といってよいのですが、そこにも、エリヤ・エリシャ物語など、いくつもの物語が挿しはさまれています。旧約聖書は、じつに、物語の宝庫といえましょう。

これらの物語は、天地創造からイスラエルの誕生とダビデ王朝の成立、そしてエルサレム陥落とバビロニア捕囚にいたるイスラエルの民の歴史という、大きな流れのなかに位置づけられていますが、そのなかでも、たとえば、ヨセフ物語、士師エフタやサムソンの物語、ダビデとバトシェバ物語などは、自己完結性の高い物語文学である、といえましょう。

旧約聖書には、これらの物語とは別に、独立した一書として伝えられる作品が存在します。ルツ記、ヨナ書、エステル記の三書がそれです。これらの書は、それぞれに異なる時代が設定され、それ自体で完結する物語として伝えられました。作者は知られていませんが、旧約聖書の研究者たちは、これら三書をまとめて「物語文学」と呼びならわしています。この講座では、以下、これら三書に伝わる物語文学の構造と主題とを探ってみたいと思います。

一　物語の主題と鍵語・鍵語句

物語の構造に立ち入る前に、物語の主題に短く触れておきましょう。私たちはしばしば、この物語の主題は何であろうか、などと問いますが、通常、物語の主題は読者がそこから読み取り、感じ取るたぐいのものでありまして、物語にあらかじめ提示されているわけではありません。物語を読み進めてゆくなかで、物語と読者との間に、思想や価値観をめぐる暗黙の対話や対決がおこります。そのような過程をへて、その読者の心のなかに物語の主題は浮かびあがるのです。ですから、主題は自明の所与として物語にそなわっているのではありません。むしろ、読者によって発見されるものです。ということは、物語の主題は読者の主観性と無縁ではありえないことになりましょう。

そうであるならば、物語の主題を客観的につかみ出す方法はないのでしょうか。ありました。主題をつかみ出すために、古くから試みられてきた方法の一つは、作品に繰り返され、言い換えられる語句を見つけ出すことでした。こうした語句は作品の主題を表す鍵となるとみられ、鍵語（キー・ターム）とか鍵になる語句（キー・フレーズ）と呼ばれます。音楽において、主題旋律が様々に展開してひとつの楽曲を構成してゆくのと似ているでしょうか。

旧約聖書研究において、このことを強調し、また実践してみせたのは故中沢洽樹先生でした。中沢先生は、とくにイザヤ書とヨブ記に関して、その各単元に反復される、もしくは様々に言い換えられる語句を探りあて、そこに単元のモティーフを読み取ります。そして、単元ごとのモティーフをつなぐ要《かなめ》がその書全体の主題となる、と考えたのです。もっとも、中沢先生によるこうした探求は、イザヤ書やヨブ記などの韻文作品に限定されており、物語文学にこれが適用されることはありませんでした。

ところで、少しばかり本題とは離れますが、鍵語をつかみ出す視点という意味で、私にとって大いに啓発的であったのは、丸山真男の「歴史意識の古層」（一九七二年）という論稿でした。ある民族の歴史意識の「古層」はその民族が伝えた神話に映し出されているはずだ、と考えた丸山は、古事記などが伝える「国生み神話」を旧約聖書の「天地創造物語」と比較することにより、その特色を取り出してみせたのです。丸山が着目したのは、旧約聖書の「天地創造物語」においては、「ツクル」という動詞が繰り返され、世界が「ツクラレタ」ものとして理解されるのに対して、「国生み神話」では「ナル」という、自然の「なりゆき」を表す動詞が繰り返される点でした。つまり、日本の神話において世界はおのずから「ナル」ものとして受けとめられているのに対して、旧約聖書は世界を「ツクラレタ」ものと理解している。そこに、私の見立てを付け加えるならば、世界は「ツクラレタ」という神話を伝える文化においては、造られた世界は造り替えられうる、という歴史変革の思想が培われうるだろう。しかし、「ナル」という、いわば自然の営みとして世界を受けとめる文化においては、歴史も社会も自然の「なりゆき」とみなされるがゆえに（「なるようにしかならぬ」「なんとかなる」）、そこから社会を変革する思想は生まれにくいにちがいありません。

創世記の「天地創造物語」と古事記の「国生み神話」の比較などとは、それぞれの専門研究者には思いもおよばないことでした。ところが、丸山真男は「ツクル」と「ナル」というごくありふれた動詞の用法に着目して、両者を比較してみせたのです。私は、若き日に、その慧眼に驚かされると同時に、鍵語は特定の概念を表す抽象名詞とは限らないことを学ばされたことでした。

　もっとも、丸山真男が創世記の「天地創造物語」と古事記の「国生み神話」を比較するなかで、見落としていた重要な点もありました。前者が人類および世界という視座から物語を語り出すのに対して、後者には人類や全世界といった視座が完全に欠落している点がそれです。古事記において、イザナキとイザナミが生み出す世界は、日本列島の四国、九州、本州の西半分に限られています。しかし、古事記の成立した八世紀初め、すでに朝鮮半島、中国、天竺（インド）に関して、日本には相当の情報が入っていました。最近、発見された木簡によれば、大和朝廷には波斯（ペルシア）から来た役人までもが仕えていたといいます。ところが、古事記の「国生み神話」においては、いっさい、これらの国々に言及することがないのです。それとは対照的に、「天地創造物語」とそれに続く人類太古の物語群（「楽園喪失」「カインとアベル」「洪水物語」「バベルの塔」）は、逆に、これらの物語を残したイスラエルの民にも、イスラエルの国土にも触れることはありません。むしろ、人類および全世界という視座から物語は語られます。じつは、古代イスラエルの民が伝えた旧約聖書が人類の古典になりえたのは、このような普遍的な視座のゆえでもありました。他方、古事記や日本書紀は、人類、世界といった視座を欠如させているがゆえに、日本の古典にはなりえても、人類の古典にはなりえないのです。

いささか横道にそれてしまいました。鍵語・鍵語句の問題に戻り、旧約聖書全体を見渡しますと、鍵となる単語や語句を探し出し、そこから作品の主題をとらえようとする研究方法は、預言書や詩歌といったジャンルには有効性を発揮するとみられますが、場面や情景さらに人間関係が展開してゆく物語作品に、この方法をそのまま応用することはむずかしいのではないか、と思われます。

二　文芸学的分析と物語の主題

比較的最近、一部の研究者の間に文芸学的聖書研究がひろまっています。文芸学に通じていない私なども、しばしば、そうした研究を目にします。そのなかで、とくに目を惹くのは、文という小さな単位で言えば「交差配列法」と呼ばれる修辞法、すこし大きな文学単元でいえば「集中構造」とか「枠構造」と呼ばれる叙述法ですが、ここでは、とくに文学単元でみる「集中構造」に関して、私が取り組んできました詩篇五八篇を事例にとって、確認してみましょう。

この詩篇は十二節からなる比較的短い作品です。内容的には神の審きを願う祈りとみられ、1節の表詞を別にしますと、全体は五つの段落から構成されています。

最初の段落（2―3節）では、預言者の批判的言辞を思わせるような、激しい糾弾の言葉が発せられます。糾弾されているのは「神々」ですが、すぐさま「人の子ら」と言い換えられますので、じっさいには地上の支配者たちのことです。彼らは公正な審きをせず、暴虐を正当化している、と詠い手は糾弾するのです。次の段落（4―6節）では、前段落で「神々」「人の子ら」と呼びかけられた者たちを、さらに、「邪悪な者たち」「虚偽を語る者たち」と言い換え、彼らはすでに母の胎内にいたときから道をそれ、毒蛇のような害毒を流してきた、彼らは呪術師の呪文にも耳を貸さない、矯正しがたい頑迷な角蝮のようだ、と断罪します。

第三段落（7節）では、神に向かって、彼らの歯を叩き折ってください、彼らの顎を撃ち砕いてください、と懇願します。その際、彼らのことを獰猛な「若獅子」と呼んでいます。第四段落では（8―10節）、そのような彼らが水のように流れ出し、草のように枯れ果て、雑草のように吹き飛ばされるがよい、と一種の呪詛の言葉を投げかけます。そして最後の段落において（11―12節）、暴虐をはたらく者たちには神からの審きが実現し、彼らに苦しめられていた義人たちはそれを見て喜ぶであろう、と詠いあげ、全体が締めくくられます。

このような詩篇は、詩の構成という観点から、先に述べた「集中構造」が認められるといわれます。地上で不正な審きと暴虐をはたらく者たちを糾弾する第一段落を〈A〉とすれば、それとは逆に、暴虐をはたらく彼らが義の神によって審かれることを詠う最後の第五段落は〈A′〉となりましょう。また、矯正しがたい彼らの頑迷さを暴露する第二段落を〈B〉とすれば、彼らの悲惨な滅びの結末を願う第四段落は〈B′〉となります。そして、彼らに対する神の厳しい処罰を願う第三段落を〈C〉とすれば、詩篇五八篇には、〈C〉を中心とする、次のような集中構造が見て取れるというのです。

A　地上の支配者たちの不当な審きと暴虐
B　彼らの矯正しがたい背きと頑迷の暴露
C　彼らに対する神の厳しい審きの懇願
B′　彼らの悲惨な滅びの結末を念じる呪詛
A′　彼らへの神の審きの実現と義人の喜び

このような詩篇五八篇の構成には、不当な審きを行う者たちに対する神からの審きの実現が明示され、彼らと彼らに抑圧される者たちの立場の逆転が詠いだされています。そして、その逆転は中央に位置し、神の審きを懇願する段落〈C〉であるとみられます。この詩篇の場合、中央におかれた段落〈C〉に詠い手の念願がこめられていますので、これを「集中構造」と呼びますが、はじめに主題が提示され、終わりの部分でそれが変奏されるような場合、「枠構造」あるいは「囲い込み構造」などと呼ばれます。

ただし、このような観点から文学単元を分析しようとする場合の方法論は、研究者の間でも、いまだ確定しているとは言いがたいように思われます。なによりも、分析する文学単元や文学単位をどのように見定めるのか、といった客観的な基準はありません。また、具体的な分析に際して、この場合であれば、〈A〉と〈A′〉、〈B〉と〈B′〉となりますが、これらを関連づけるものは、両者に共通する語句なのか、それとも思想内容なのか、研究者によってまちまちです。物語の単元分析では、しばしば、そこに使われている固有名詞や登場人物に着目する場合も少なくありません。

このようにみますと、「集中構造」とか「枠構造」といった視点から作品を分析する場合の方法論は、いまだ、確立していないと言えそうです。少なくとも、後に取り上げる旧約聖書の「物語文学」の分析には有効にはたらきそうにありません。

二　「構造主義」と物語分析

第二次大戦後、物語の読み方に関して、新しい流れをつくった思想動向のひとつに「構造主義」がありました。フランスの人類学者クロード・レヴィ＝ストロースによる親族構造の分析や神話分析が「構造主義」と名づけられましたが、一九七〇年代から「構造主義」は文学研究にも少なからぬ影響を及ぼしてゆきました。レヴィ＝ストロース自身も「構造主義」の立場から神話分析を試み、オイディプス神話を例に取りあげて、その具体的分析方法を次のように提示しています。

神話のなかで起こる個々の出来事を一つずつ一枚のカードに一つの文で書き取って、これに通し番号をつけ、通し番号順に読めば、その物語の筋が追えるようにする。そのうえで、カードに記された一文を、通し番号とは関係なく、内容ごとに分類してみる。すると、それらのカードがいくつかに類別されるだろう。類別されたカードから、「天と地」「自然と文化」「動物と人間」「水と火」「男と女」「誕生と死」「敵と味方」等々、様々な二項対立概念があらわれてくるにちがいない。そこから、対立する価値や観念や領域が、互いに対立しながらも、共存している生活世界が表出されていることが理解され、「対立するものの一致」(coincidentia oppositorum) と呼びうるような神話の機能的側面が見てとれよう。

レヴィ＝ストロースはそこに、物語の展開だけを追って読んでいても見えてこない神話の隠れた構造と主題を見て取ったのです。このような分析は「共時的な構造分析」と呼ばれます。とりわけ、意図的な編集や操作を経ていない神話のような物語分析に有効性を発揮します。しかし、聖書にみられるような、神学的意図に基づく編集過程を経た物語の分析にはこうした構造分析は適さない、とレヴィ＝ストロースは考えました。そこで、彼自身はユダヤの伝統に通じてもいましたが、旧約聖書の物語分析に立ち入ることはありませんでした。それでも、物語の共時的構造を見きわめることにより、そこに隠された構造と主題がありうることを示した点で、レヴィ＝ストロースにはじまる物語の構造分析の重要性は変わりません。

物語には一定の構造があり、それが物語の「意味」や「主題」と深く関わる、ということを明らかにしたレヴィ＝ストロースによる神話の構造分析は、その後、伝承文学の読み方に大きな影響を及ぼしました。物語は、それが成立する時代的・社会的背景に照らすのでもなく、登場人物の魅力ある個性に焦点を合わせるのでもなく、読者を惹きつける文学性（「真実味」）を重視するのでもなく、物語自体に秘められた一定の構造に着目する読み方がある、ということに気づかせてくれたのです。こうした視点から、たとえば、英国の人類学者エドマンド・リーチは旧約聖書の共時的な構造分析に取り組みました。レヴィ＝ストロースの神話分析とは別に、アメリカの神話学者ジョセフ・キャンベルもまた「英雄物語」に共通する基本構成を示してみせました。それを最も単純化して図式化すれば、次のようになりましょう。

①出立（departure）→ ②変容（transformation）→ ③帰還（return）

英雄物語のこのような構成は、旧約聖書においては、モーセの「召命」物語にみること

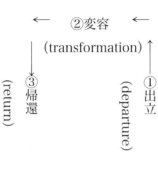

ができるでしょうか。エジプトの王宮で育ったモーセは、自らが犯した殺人行為の発覚を怖れて、ミデヤンの地に逃れます（「出立」）、そこで、ミデヤンの祭司の娘たちを助け、その娘の一人ツィッポラと結婚し、羊飼いとなって息子をもうけます（「変容」）。ところが、「神の山」で顕現した神から、エジプトで奴隷として苦しむイスラエル民の解放を託され、エジプトにもどるのです（「帰還」）。物語はここで完結するわけではないのですけれど、出エジプト前史ともいうべきこのような物語には、しばしば英雄に伴う「捨て子伝説」に似た出生譚とも相俟って、モーセの英雄像が織り込まれているのかもしれません。

父祖ヤコブの物語などにも、多少ともこれに似た物語構成が認められるでしょうか。双子の兄エサウを出し抜いたヤコブは、エサウの怒りを買って、母の故郷に逃れます（「出立」）。そこで、母リベカの兄弟ラバンの二人の娘レアとラケルと結婚し、後のイスラエル部族の名祖となる子供たちをもうけます（「変容」）。そして、豊かになったヤコブはラバンのもとを逃れ、家族を連れて故郷に戻るのです（「帰還」）。しかし、それぞれの場面にヤコブの狡猾な「駆け引き」が伴うという意味で、ヤコブは英雄らしからぬ英雄でもありましょう。

もっとも、本日取り上げようとする「物語文学」は英雄物語ではありません。したがって、このような英雄物語の構成とは疎遠です。それでも、ルツ記のはじめには、ナオミのモアブ往還（「出立」と「帰還」）が描かれています。しかも、その間に、母であり妻であった彼女が夫と二人の息子に先立たれて、寡婦となるのですから、そこに彼女の「変容」をみることもできましょう。この場合は、しかし、期待を抱いて出立したナオミは惨めな姿で、失意のなかに帰還するのですから、成長して帰還を果たす英雄たちを反転させているかのようです。

ヨナ書にも、英雄物語の変形をみることができるかもしれません。ニネヴェに行って、神の警告を告げよ、と神に命じられたヨナは怖れを抱き、神のもとから船で逃げ出そうとしました。ところが、嵐のなかで海に投げ込まれ、大魚に呑み込まれます。ヨナは大魚の腹のなかであらためて神に祈ります。ヨブはふたたび陸地に吐き出され、ニネヴェで神の警告を告げ知らせるのです。ここには、出立↓変容↓帰還という英雄物語の基本構成が、神からの逃亡、救済体験、神への帰順というかたちに変えられている、とみることもできるでしょう。ここにも英雄らしからぬ英雄が描き出されます。そもそも旧約聖書は、理想化された英雄像を残しませんでした。

三　構造意味論

フランスにおいて構造主義の影響を受けながら、独自に物語の「構造意味論」を探求した研究者にリトアニア出身のA・J・グレマスがいました。彼は「意味」を伝える物語構造に目を向け、ウラジミール・プロップの『昔話の形態学』などをも参考にしつつ、次のような物語の構造モデルを提示してみせました。

与え手　→　対象　→　受け手
　　　　　　↑
援助者　→　主体　←　敵対者

このような図式だけでは抽象的すぎてわかりにくいと思いますので、広く知られた日本の昔話「花咲か爺」を例にとって説明してみましょう。「花咲か爺」は、最後に、正直爺さんがお殿様の前で枯れ木に花を咲かせて見せ、お殿様からご褒美をたんまり贈られた、という話です。したがって、この図式では「与え手」がお殿様、「対象」がご褒美、「受け手」が正直爺さん、ということになります。これが実現するのは、正直爺さんが燃やされてしまった木臼の灰を木の枝に振りかけるからですが、その木臼は可愛がった犬のポチのお墓に育った木で作ったものでした。したがって、物語の「主体」つまり主人公は正直爺さんですが、犬のポチが正直爺さんを助けたのです。そこで、「援助者」が犬のポチです。もう一人の登場人物である意地悪爺さんは、それを妨げようとした「敵対者」であることがわかります。

与え手（お殿様）↓ 対象（ご褒美）↓ 受け手（正直爺さん）

→

援助者（犬のポチ）↓ 主体（正直爺さん）↑ 敵対者（意地悪爺さん）

グレマスが提示したこのような図式は、民話や昔話のような物語に見られるだけではありません。私たちがあるメッセージを「物語」にして語り伝えようとするとき、多くの場合、意識せずして、こうした図式が用いられるのです。たとえば、私の学生時分、マルクス主義の立場に立つ学生たちが熱く語っていた革命論に基づく歴史理解がそうでした。彼らは、人類社会には、いずれ、階級のない平等で豊かな社会が実現するし、実現させねばならない、と考えました。これをグレマスの図式で言えば、歴史の必然が「与え手」であり、人類が「受け手」であり、「対象」は階級のない理想的な社会となるでしょう。そし

与え手 (歴史の必然)	→	対象 (理想社会)	→	受け手 (人類)
		↑		
援助者 (前衛政党)	→	主体 (労働者)	←	敵対者 (ブルジョワジー)

て、それを実現させる「主体」は、抑圧され、搾取されている労働者階級です。それを支援する「援助者」は前衛政党としての共産党です。それを阻止しようとする「敵対者」は資本家たちであり、それを支えるブルジョワ階級だ、ということになります。

あるいは、キリスト教の救済論もこのような図式で説明されましょうか。神さまは堕落した人類の罪を赦し、いつの日か、究極的な救済を象徴する「神の国」を実現してくださる。そう信ずるキリスト教信仰において、「与え手」は神であり、「対象」は「神の国」、「受け手」は人類となります。そして、それを実現してくださる「主体」が、人類の罪を赦すために神から遣わされ、十字架に死んで三日目に復活された神のみ子キリストでしょう。それを阻もうとする「敵対者」はいうまでもなくこの世の悪しき勢力としての悪魔、逆に、イエス・キリストの側について、「神の国」の到来を準備するのが、地上における「キリストの身体」としての教会となるでしょうか。

キリスト教もマルクス主義も同じである、と言いたいのではありません。歴史的には、むしろ、マルクス主義の歴史観がキリスト教のそれを下敷きにしたのかもしれません。じっさい、マルクス主義からキリスト教に転向したロシアの思想家N・A・ベルジャーエフは、マルクス主義をキリスト教の世俗化した形態である、とみていました。しかし、ここで重要なことは、キリスト教とマルクス主義の関係ではありません。そうではなく、私たち人間が重要な思想や信仰を伝えようとして、それをひとつの「物語」として語り出そうとするとき、そこに共通した「物語の構造」があらわれる、ということです。

その点で、また横道にそれますが、私は学生時代に興味深い体験をいたしました。私は大学に入学して、あるセツルメント活動をするサークルに入会しましたが、その部室の近くに「現代中国研究会」や「朝鮮問題研究会」という左翼系のサークルの部室もあり、ときどき、そこに立ち寄り、たしか『人民画報』や『朝鮮画報』といったグラビア雑誌をみせてもらっていました。そこで気づいたことのひとつは、若き毛沢東や金日成を描いた姿や構図がイエス・キリストのそれによく似ている、ということでした。井岡山から延安までの中国紅軍の「長征」のさなか、寒村で幼子を抱き、希望の将来を語る毛沢東の姿が、あるいは満州における抗日戦線のさなか、同じく幼子に囲まれて、子供たちに語りかける金日成の姿が、構図上、子供のときに教会学校でもらった小さなカードに描かれていたイエス・キリストの姿とそっくりだったのです。

大学二年次からは、大学闘争の嵐が全国に吹き荒れました。私は、当初、大学の建物を占拠する学生たちの主張を理解できませんでしたが、彼らの抗議集会に出てみますと、その形式が教会の礼拝に似ていることに気づかされました。集会の中心はリーダーによる「アジ演説」で、社会の抑圧や矛盾を糾弾し、それを打破すべく勇ましく戦おう、と訴えるのですが、人間の罪とそこからの救済を語る教会の説教のように響きました。その都度、学生たちは「意義なーし」と応答しましたが、それは教会で信徒が唱える「アーメン」に似ていました。集会で歌う労働歌はいわば讃美歌でした。「カンパ袋」はさしずめ献金袋でありました。さらに、「全共闘」の集会に集う学生たちが最も好んだ歌は「ワルシャワ労働歌」でしたが、そこには「これが最後の闘いだ」といった終末論を思わせる表現があり、「聖なる血にまみれよ」といった宗教的な語彙もちりばめられていたのです。

私たち人間は信ずるものを極端に重要視し、絶対化しますと、それが宗教とは無縁であっても、おのずと宗教的なかたちをとるようになる、ということでしょうか。そうした観点に立ちますと、キリスト教の救済論とマルクス主義の歴史観が、その構造において共通するとしても、不思議ではありません。また、異なる文化のなかで伝えられる物語が共通の構造をもつとしても不思議ではありません。

横道がいささか長くなりましたが、グレマスが提示した「構造意味論」の図式がもつ汎用性の高さを指摘したうえで、グレマスの「構造意味論」図式を旧約聖書の「物語文学」に適用できるかどうか、確かめてみたいと思ったのです。

四 王妃エステルの物語

旧約聖書には、「神」という単語が用いられることのない書が二つあります。その一つがエステル記、もうひとつが雅歌です。とくにエステル記は教会で読まれることの多くない書の一つだと思います。その理由の一端は、この書がユダヤ民族主義に彩られていることにあるのかもしれません。

物語は、ペルシア王クセルクセスの宮廷を主たる舞台としています。王の命令に従わなかった王妃ワシュティに代わって、新しい王妃に選ばれたのがエステルでした。彼女は父母をなくし、従兄にあたるモルデカイに養育された美しいユダヤ女性でした。彼女が王妃となった後、王暗殺の計略があることを知ったモルデカイは、エステルを通じて、これを王に伝えたため、王は難なきをえます。その後、ハマンという人物が王宮で重用され、権力を手にしますが、モルデカイが彼にひれ伏さなかったために、ハマンは帝国内に住むユダヤ人を根絶やしにすることを画策し、クセルクセス王の名でユダヤ人殲滅の命令を発布しました。

クセルクセス１世

　それを知ったエステルは王とハマンを招いて宴会を開きました。それに先立ち、王は彼の暗殺計画を教えてくれたモルデカイを顕彰し、宴会の席ではエステルに、願うことはなんでも叶えよう、と約束します。そこでエステルはハマンによるユダヤ人殲滅計画を暴露し、ハマンを失脚させるのです。ハマンはモルデカイをつるすために立てた柱につるされてしまいます。そして、ユダヤ人殲滅の命令は王の名で撤回され、逆に、ユダヤ人を迫害する者たちを討伐する許可がくだることになりました。

ユダヤ人が王妃エステルによって殲滅を免れたこの物語を祝うユダヤ教の祭を「プリム祭」といい、今日でもユダヤ人の間で、アダルの月の一四、一五日にこれが祝われます。アダルの月は今の三月にはじまる古い陰暦の第一二の月ですから、現暦では二月後半から三月前半にあたります。ユダヤ人の間では「ハマンの耳」と呼ばれるたたんだ焼菓子がふるまわれます。

このような王妃エステルの物語は、クセルクセスの宮廷が舞台ですので、ペルシア時代を背景にしており、翻訳聖書では、同じくペルシア時代を背景とするネヘミヤ書に続きます。しかし、物語自体は史実に基づくわけではありません。アケメネス朝ペルシアにはクセルクセスと名乗る王は一世と二世がいました。二世は即位二か月後に暗殺されましたので（前四二四年）、エステル記はクセルクセス一世（在位、前四八六―六五年）を念頭においていますが、歴史上、エステルと名乗る王妃は存在しません。そもそもエステル

（'Estēr）という女性名自体がメソポタミアの大女神イシュタル（Ištar）から、男性名モルデカイ（Mordᵒkay）もまたバビロニアの主神マルドゥク（Marduk）から採られています。物語は伝統的なバビロニアの神々をパロディ化していることになりましょう。

もっとも、ユダ捕囚民がバビロニア捕囚から解放された後も、ペルシア帝国に残留した者は少なくありませんでした。最近、バビロニア時代からペルシア時代にかけて、メソポタミアには「ユダの町」とよばれる町があり、そこで活発な経済活動していたユダヤ人の記録を粘土板に刻んだ楔形文字資料が知られるようになりました（参考文献、Pearce/Wunsch）。ペルシア時代からヘレニズム時代にかけて、ユダヤ人が西アジア世界に散在していたのです。彼らはディアスポラ（「離散、散在」）のユダヤ人と呼ばれます。そのことは、ペルシアのアルタクセルクセス（一世、在位前四六五―四二四年、クセルクセス一世の息子）の時代、エズラが律法学者としてペルシアからエルサレムに帰還し（エズラ記七章7―10節）、ネヘミヤもまた総督としてペルシアからエルサレムに遣わされたこと（ネヘミヤ記二章1節以下）などからも確認できましょう。

こうしたことをふまえますと、エステル記も、ペルシア時代からヘレニズム時代にかけて、西アジア世界で起こりえたユダヤに人に対する迫害という事態をふまえた物語であることがわかります。ダニエル書なども、ユダヤの民の独自の神信仰ゆえに彼らが迫害を受ける、という事態を書きとめています（ダニエル書三章8節以下、六章12節以下など）。

　このような背景をもつエステル記ですが、じつは、その物語はグレマスの「構造意味論」の図式がみごとに適用しうる構造をもっています。

与え手（クセルクセス）	→	対象（保護）	→	受け手（ユダヤ人）
		↑		
援助者（モルデカイ）	→	主体（エステル）	←	敵対者（ハマン）

物語全体は、ペルシア王クセルクセスの時代、帝国内に住むユダヤ人が殲滅の危機を免れ、保護を与えられたことを語っています。物語の大きな主題は、ペルシア王によるユダヤ人保護におかれていると申せましょう。グレマスの図式にあてはめれば、ペルシア王が

ユダヤ人に保護を与えた、というのですから、「与え手」はペルシア王クセルクセス、「対象」はユダ人保護の勅令、「受け手」は帝国内のユダヤ人たちということになります。そして、クセルクセスによるユダヤ人「保護」を実現させたのは、いうまでもなく、王妃エステルですから、エステルが物語の「主体」つまり主人公です。そして、彼女を支える「助け手」が彼女を養育した従兄のモルデカイであり、「敵対者」がハマンであることは言うまでもありません。

すでに、エステル記には「神」という単語はいっさい用いられない、と申しました。ペルシア王クセルクセスに決断を促したのはエステルですし、そのエステルに助言を与えたのはモルデカイでした。ユダヤ人を殲滅の危機から救ったのはこれらの登場人物でした。しかし、この物語を読み伝えたユダヤ人たちは、物語の背後に見えない神のはたらきを読み取ったにちがいありません。いな、あえて「神」を登場させないことによって、読者自身にそのことを気づかせようとしたのかもしれません。

五 「モアブの女性」ルツの物語

ルツ記は旧約聖書の物語のなかでも文学的な香りする「珠玉の小品」といってよいでしょう。また、異邦の女性ルツが主人公となる点においても、旧約聖書のなかでルツ記はきわだっています。

物語は「士師たちが治めていた時代のことである」とはじまりますので、いわゆる士師時代に舞台が設定されています。それゆえ、翻訳聖書では士師記とサムエル記の間に配置されていますが、ヘブライ語の聖書においては詩篇からはじまる「諸書」に属し、メギロートと呼ばれる五つの書の最初におかれています。これに雅歌、コーヘレト書、哀歌、そしてエステル記が続きます。

文学的な香りがする、といいましたが、文体面では、物語の進行を促す地の文がじつに簡潔で明快に記されるのです。また、物語の主要場面は登場人物同士の会話によって構成されています。そして、その発言は淡々として上品です。発言者の感情がじかに露出することはありません。たとえば、失意落胆は神からくだされた災いの結果として受けとめられ（一章21節）、相手をいたわる気持ちは神ヤハウェからの祝福を願うかたちで表明されます（一章8節、二章12節、三章10節など）。加えて、人間の怒りや嫉妬といった否定的感情が物語を動機づけることもありません。そして、物語の場面展開はごく自然であり、出来事に直接的な神の介入もありませんし、奇蹟も起こりません。

物語は、飢饉を逃れて、ナオミが夫エリメレクと二人の息子とともにベツレヘムからモアブの野に移住するところからはじまります。二人の息子はモアブの女性と結婚しますが、ナオミは夫エリメレクに、続いて二人の息子に先立たれてしまいます。風のたよりに、故郷ベツレヘムでは飢饉がおさまったと耳にしたナオミは、まだ若い二人の嫁に実家に戻り、再婚するように勧めると同時に、自分は一人で帰郷することを決断します。ところが、嫁の一人ルツは「あなたの民は私の民、あなたの神は私の神です」と言って、ナオミを離れようとはしません。そこで、ナオミはルツを連れてベツレヘムに戻りました。ベツレヘムの女たちは口々に「これがあのナオミですって」と言います。ときは大麦刈りのはじめでした。

ナオミはルツを「落穂拾い」にゆかせます。古代イスラエルでは、麦を収穫する際、畑に落ちた落穂は寡婦や孤児といった土地をもたない貧しい者たちが拾うことができる、とモーセの律法に定められていたのです（レビ記一九章9節ほか）。偶々、ナオミの夫エリメレクの親族にあたるボアズの畑でかいがいしく落穂を拾うルツをボアズが見初めます。そこで、ナオミの助言を得て、大胆にも、夜半、ルツはボアズが眠る麦打ち場を訪ねるのです。驚いたボアズでしたが、ナオミとルツを「贖《あがな》う」約束を与えました。「贖う」とは、モーセの律法によれば、負債を抱えて譲渡した土地を、あるいは債権者の奴隷になった者を近しい親族が「買い戻す」ことでした（レビ記二五章23節以下、39節以下）。ここでは、し

ミレー『ルツとボアズ』（1850/53）

かし、耕作する者がいなくなったエリメレクの耕地を、二人の寡婦ナオミとルツともども、引き取ることでした。

翌日、ベツレヘムの城門において、エリメレクの耕地を贖う優先権を有する人物が、「モアブ人女性」ルツをも贖わなければならないと聞いて、権利を放棄します。当時、城門は公的な交渉事を行う場所でした。そこで、ボアズはエリメレクの耕地をナオミとルツとともに贖い、ルツを妻とするのです。町の長老たちがその証人でした。

はたして、ルツに男児が授かります。すると、ベツレヘムの女たちはナオミに、神は「あなたに贖い主を与えてくださった」(四章14節)、「ナオミに男児が生まれた」(同17節)と言って祝福しました。異郷で夫と二人の息子を失い、「辛い女」と呼んでほしい、とまで言ったナオミは、「モアブ人女性」ルツのおかげで、ふたたび家族の幸せを手にすることになったのです。物語は、最後に、ルツがボアズに生んだ息子オベドの息子がエッサイ、その息子がダビデであることを付記して閉じられます。

ルツ記の成立時期に関しては、正確なことはわかっていません。「落穂拾い」「贖い」そのほかのルツ記が前提にする法慣習とモーセの律法との微妙な関係は十分に解明できているわけではありませんし、人称代名詞の用法において、男性形と女性形を混用するといった言語的な特徴も時代を確定する指標になりえません。しかし、この物語が王国時代に、いわんや士師時代に、成立した作品でないことは明らかです。最後に申し上げるように、ルツ記の思想をふまえるならば、ペルシア時代が最もふさわしいと思われます。

では、このようなルツ記にもグレマスの「構造意味論」の図式にあてはまるような構造が見て取れるでしょうか。ルツ記の終わりの部分でなにほどか奇妙に響くのは、すでにふれましたが、ルツが男児を生んだときに、ベツレヘムの女たちがルツでなく、ナオミを祝福して、「あなたに『贖い主』を絶やさなかった（神）ヤハウェは讃えられよ」と言い、「ナオミに息子が生まれた」とまで言うことです。この発言を重視しますと、ルツ記は夫と二人の息子を失ったナオミに神ヤハウェが「贖い主／息子」を授けた物語であるといえましょう。それを実現する「主体」は、いうまでもなく、モアブの女性ルツ、援助者はナオミとルツを「贖う」ボアズです。

これを阻害する「敵対者」は明確な形では登場しません。ボアズにまさる「贖い」の権利を有していた近親者でしょうか。この近親者は「モアブ人女性」ルツをも一緒に買い取らなければならないと聞いて、「贖う」ことを拒絶するからです。これを言い換えれば、ルツが「モアブ人女性」であったということが、物語の潜在的な阻害要因になっていた、とも言えましょう。ルツの異邦性が克服される点に、ルツ記の最も重要な思想を見て取ることができますが、その点は、最後に、もう一度、触れさせていただきましょう。

与え手（神ヤハウェ） → 対象（贖い主／息子） → 受け手（ナオミ）

↑

援助者（ボアズ） → 主体（ルツ） ← 敵対者（近親者／ルツの異邦性）

六　逃げ出した預言者ヨナ

ヨナ書は一二小預言書のなかにありながら、預言の言葉が編集された狭義の預言書ではありません。アミタイの子ヨナがニネヴェの住民に悔い改めを宣べ伝えるという異色の物語作品です。

ヨナは神ヤハウェから悪徳の町ニネヴェに行き、悔い改めを勧告すべく命ぜられました。しかし、ヨナはヤッファの港から、ニネヴェでなく、タルシシュ行の船に乗って、ヤハウェのもとから逃げ出そうとしたのです。ところが、その船は海上で嵐に遭遇し、難破しそうになります。そこで、この災難の原因を知ろうとして、乗船した人たちが籤を引きますと、ヨナに当たってしまいます。ヨナは覚悟し、人々はヨナを海に投げ込むのです。こうして、嵐は止みました。

嵐の海に投げ込まれたヨナは、大魚に呑み込まれ、三日三晩、大魚の腹で過ごし、ヤハウェに祈りをささげます。三日目に、ニネヴェに近い岸辺に吐き出されたヨナは、ふたたびヤハウェの命令を聞き、今度は、ニネヴェの人々に神の審判が近いことを告知しました。それを聞いたニネヴェの人々は、王をはじめ、悔い改めて、悪の道から離れたので、神はニネヴェにくだそうとする災いを思い直しました。それに対してヨナは神に不満をぶつけますが、最後に神は、強い日差しから ヨナを守るトウゴマを枯らし、これを「惜しむ」ヨナに、それと同じように、「私は一二万人以上も人間のいるニネヴェを惜しまずにいられようか」と告げました。

この物語の大筋は、神ヤハウェが審判を下そうとしたニネヴェが、ヨナの告知を聞いて、悔い改めたので、神はこれを「惜しみ」、災いを思い直した、とまとめることができるでしょう。「惜しむ」とは共感や同情を寄せる、という意味です。そして、そのことをじっさいに実現させたのは、ヨブによる滅亡の告知でした。ところが、当初、ヨブはニネヴェを怖れてでしょう、神から託された使命から逃れようとしたのです。嵐の海では、同船者たちが彼を海に投げ込みましたが、そのままであれば、ニネヴェに神の言葉を告げることも、したがって、ニネヴェの悔い改めも実現しなかったはずです。ところが、

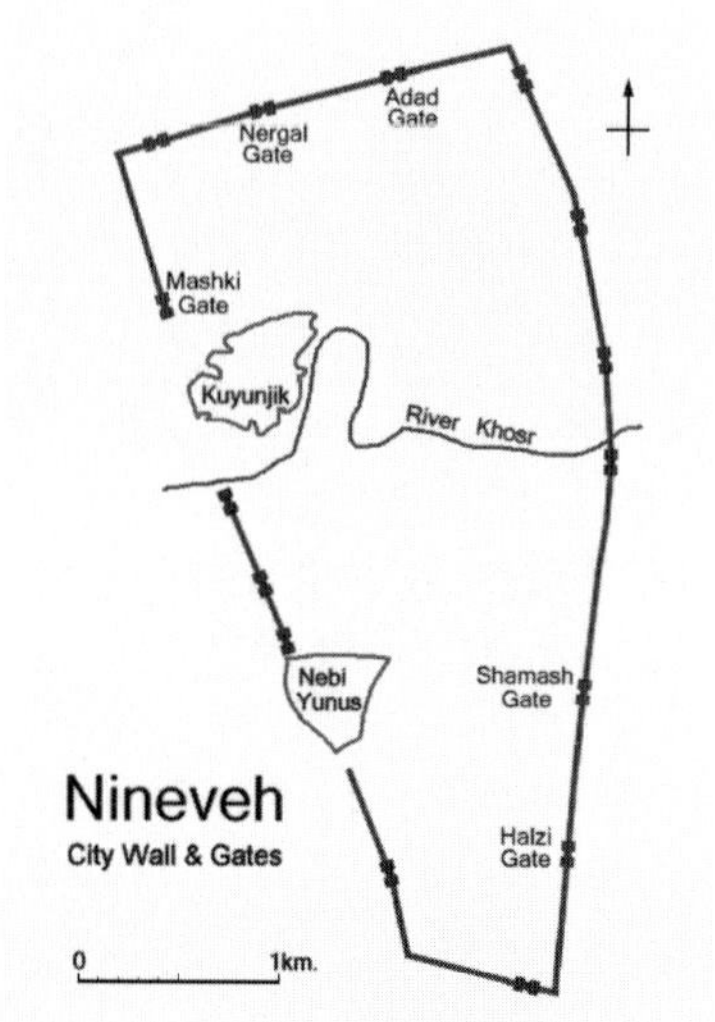

ニネヴェの遺跡平面図（Wikipedie）

ヨナを呑み込んだ大魚が、彼を神の使命遂行へと戻すのです。これらを、グレマスの図式に当てはめれば、次のようになるでしょうか。

与え手（神ヤハウェ）	→	対象（悔い改め／同情）	→	受け手（ニネヴェ）
		↑		
援助者（大魚）	→	主体（ヨナ）	←	敵対者（ヨブの不従順／同船者たち）

ヨナの物語も、もちろん、フィクションであって、史実を反映させたものではありません。そもそも海に投げ出されたヨナが大魚の腹のなかで三日三晩を過ごすなどとは、民話のモティーフではありえても、現実にはありえません。ニネヴェはアッシリア帝国の大都市でしたが、チグリス川中流域に位置しており、海辺に近くはありません。さらに、ニネヴェを一周するのに三日を要したという記述（三章3節）なども、実態とは大きくかけ離

れています。ニネヴェは遺跡が知られており、当時の都市としては破格の大きさを誇りましたが、町の周囲は一〇キロメートルほどでした。これらの点からみますと、前七世紀末にアッシリア帝国が滅亡してから相当の年月を経て、主都ニネヴェが伝説の町になった時期に、「アミタイの子ヨナ」という預言者を登場させて、ヨナの物語が成立したものと考えられます。「アミタイの子ヨナ」は、ほかには、列王記下一四章25節に一度だけ言及されています。アッシリアに滅ぼされることになる北イスラエル王国がヤロブアム二世の時代に領土を拡張したが、それは預言者である「アミタイの子ヨナ」が預言したとおりであった、と記されています。

七　民族主義と普遍主義 ―「構造意味論」図式の限界―

このように見てきますと、旧約聖書の「物語文学」と呼ばれる三つの作品は、いずれも、グレマスによる「構造意味論」の図式にあてはまることがわかります。しかし、その一方で、物語の「構造」をこのように把握できたからといって、それで物語の基本的使信が理解されるというわけではありません。物語には、とりわけ聖書の物語には、このような物語構造という網では捕らえることのできない大切な点があることも、最後に、指摘しておかねばなりません。そのひとつは、エステル記、ルツ記、ヨナ書の三書の背後に横たわる「民族主義」の問題です。

エステル記が、バビロニアの主神マルドゥク（Marduk）と愛と戦いの女神イシュタル（Ištar）をパロディ化して、モルデカイ（Mordᵒkay）とエステル（'Estēr）という人物を造形化していることは、すでに紹介しました。それによって、ペルシア時代以降も根強く残るバビロニアの宗教伝統を茶化しつつ、ユダヤ民族主義を謳いあげているのです。ペルシア帝国内に居住していたユダヤの民が、エステルとモルデカイのはたらきによって、殲滅の危機を免れただけではありません。殲滅を画策した人物ハマンが報復というかたちで処刑され、最後には、ユダヤ人に迫害を加えようとした人々を、逆に、ユダヤ人たちが殺害するのです。そのとき殺害された人々は、数にして七万五千人にものぼった、と記されています（エステル記九章16節）。

それに対して、ルツ記は、イスラエルの一家名を守った「モアブ人女性」ルツを描き出し、最後には、彼女とボアズの間に授かった息子オベドがダビデの祖父になったことを示すことによって、偏狭な民族中心主義を打破しようとするのです。ルツ記において、ルツは「モアブ人女性」であることが不必要に繰り返されていますが（一章22節、二章2節、6節、21節、四章5節、10節）、じつは、古代イスラエルの民の間では、モアブ人の名祖が近親相姦によって生まれた息子であったと伝えられ（創世記一九章30―38節）、出エジプトの際、モアブの娘たちはイスラエルの子らを淫らなことに誘惑したと物語られていました（民数記二五章1―3節）。ですから、ルツ記がルツをモアビッヤー（môʾabiyyāh）「モアブの女性」と繰り返すとき、じつは、「あの汚らわしいモアブ女」といったニュアンスがつきまとっていたのです。しかし、そのような「モアブ女」ルツの決断と行為をルツ記は「真実」という単語で言い表し（三章10節）、それがイスラエルの一家名を守り、ひいてはボアズと結婚し、ダビデ王朝へと連なった、と物語るのです。このようなルツ記は、民族中心主義を掲げるエステル記とは対照をなす、といえましょう。

ペルシア時代、じつは、古代イスラエルの伝統的ヤハウェ信仰は狭隘で排他的なユダヤ民族主義と異民族を受容する寛容な普遍主義との間でせめぎ合っていました。排他的な民族主義は、たとえば、エズラ記やネヘミヤ記にみることができます。そこでは、捕囚から帰還した民が周辺異民族と結婚する事態を神ヤハウェへの背信行為と決めつけ、結婚を解消させる場面が描き出されています（エズラ記一〇章1節以下、ネヘミヤ記一三章23節以下）。そこには婚姻関係を結んではならない異民族として「モアブ人女性」も名指されています（ネヘミヤ書一三章23節）。

それに対して、同時代、たとえば、イザヤ書五六章などには、ヤハウェの律法を守るかぎりにおいて、異邦人も宦官も神ヤハウェの民である、という思想が語られています。ヤハウェは唯一の神であるがゆえに、あらゆる民族の神でもあり、やがて地上の諸民族がこの神を崇拝する時代が訪れる、という思想は、すでに王国時代の預言者たちが語っていたことでもありました。地上のあらゆる民がまことの神を崇拝するために、エルサレム巡礼に訪れる、という預言はイザヤとミカのそれが有名ですが（イザヤ書二章2―5節、ミカ書四章1―3節）、ほかにも、イザヤ書六〇章3節以下、エレミヤ書一六章19―20節、ゼファニヤ書三章9―10節、ゼカリヤ書八章20―23節、等々にみることができます。それは、また、詩篇に次のように詠われています。

神々のなかにあなたのような方はなく、
あなたのみ業のような業もありません。
あなたが造られた諸国民はすべて、
あなたのみ名をあがめるでしょう、
じつに、あなたこそは偉大にして、
不思議な業の数々を行われるお方、
あなた、あなただけが神です、と。

（詩篇八六篇8―10節）

排他的なユダヤ民族主義と包括的な普遍主義は、思想的にみれば、互いに相容れない立場です。これら二つの立場は、エルサレム第二神殿時代、旧約聖書を残した民の間で、せめぎ合っていたとみることができましょう。そして、エステル記は排他的な民族主義のなかで、ルツ記の場合は、逆に、包括的な普遍主義のなかで成立した物語文学であったにちがいありません。そして、旧約聖書は両者をそのまま併存させたのです。ここに旧約聖書の複眼的特色がみられます。後のキリスト教が偏狭な民族主義を放棄し、包括的な普遍主義を受け継いだことはいうまでもありません。

ニネヴェの人々が神の前に悔い改めたことを物語るヨナ書もまた、ルツ記と同じ普遍主義の立場に立っています。ヨナ書の場合、ニネヴェの人々がヤハウェを崇拝するためにエルサレム巡礼に赴くのではなく、ニネヴェにおいて神に立ち帰ったのです。この点で、思い起こさせられるのは、エジプトとアッシリアを名指して、いつの日か（「その日には」）、エジプト人はエジプトの地で、アッシリア人はアッシリアの地で、それぞれ祭壇を建て、まことの神ヤハウェを崇拝するようになる、と語るイザヤ書一九章19節以下の預言でしょうか。その預言は、「祝福あれ、わが民エジプトに、わが手の業アッシリアに、わが民イスラエルに」という言葉で閉じられています（同25節）。

旧約聖書に「物語文学」として残された三つの作品は、このように、ペルシア時代以後の重要な思想を語り出しています。とくに、女性を主人公とするエステル記とルツ記は、「構造意味論」の図式という点で、ほぼ同じ構造を示していますが、ユダヤ民族をめぐる思想と信仰という点では、まったく対照的です。しかし、物語構造論はこのように重要な思想的な差異を鮮明に浮かびあがらせてはくれないのです。物語の形態や隠れた構造に目を向ける物語論的研究の限界がここにあり、そこに物語論的研究が歴史批判的、思想史的研究によって補われなければならない理由もあるのだと思わされます。

〈本講で言及した主な参考文献〉

中沢洽樹「イザヤ書をどう読むか」、『中沢洽樹選集』第二巻、キリスト教図書出版、一九九九年、一二三頁以下。

丸山真男「歴史意識の『古層』」、『忠誠と反逆』ちくま学芸文庫、一九九八年所収。

月本昭男『詩篇の思想と信仰（Ⅲ）——第51篇から75篇まで』新教出版社、二〇一一年。

クロード・レヴィ＝ストロース「神話の構造」（一九五五年）、C・レヴィ＝ストロース（荒川幾男ほか訳）『構造人類学』みすず書房、一九七二年所収。

エドマンド・リーチ（鈴木聡訳）『聖書の構造分析』紀伊国屋書店、一九八四年。

ジョゼフ・キャンベル（倉田真木ほか訳）『千の顔をもつ英雄（上・下）』ハヤカワ・ノンフィクション文庫、二〇一五年。

ウラジミール・プロップ（北岡誠司ほか訳）『昔話の形態学』水声社、一九八七年。

アルギリダス・ジュリアン・グレマス（田島宏ほか訳）『構造意味論—方法の探求』紀伊国屋書店、一九八八年。

N・A・ベルジャーエフ（田中西二郎ほか訳）『ロシア共産主義の歴史と意味』（『ベルジャーエフ著作集』第七巻）白水社、一九七三年。

L. E. Pearce and C. Wunsch, *Documents of Judean Exiles and West Semites in Babylonia in the Collection of David Sofer*, Bethesda: CDL Press, 2014.

執筆者紹介

水野　隆一 （みずの　りゅういち）

1963年大阪生まれ。関西学院大学大学院神学研究科博士課程前期課程修了（神学修士）、南メソジスト大学パーキンス神学院（アメリカ・テキサス州ダラス）修了（Master of Theological Studies *cum laude*）。関西学院大学博士（神学）。関西学院大学神学部教授。

『新共同訳　旧約聖書注解Ⅰ』（共著）日本基督教団出版局、1996年。『新共同訳　旧約聖書略解』（共著）日本基督教団出版局、2001年。『アブラハム物語を読む――文芸批評的アプローチ』（関西学院大学研究叢書115編）新教出版社、2006年。『現代文化とキリスト教』（編著）キリスト新聞社、2016年など。

中村　信博 （なかむら　のぶひろ）

1955年生まれ。同志社大学大学院神学研究科修了。同志社女子大学学芸学部教授。

『ハーパー 聖書注解』（共訳）教文館、1996年。『新共同訳　旧約聖書注解Ⅰ』（共著）日本基督教団出版局、1996年。『新共同訳　旧約聖書略解』（共著）日本基督教団出版局、2001年。『聖書　語りの風景　創世記とマタイ福音書をひらいて』（共編著）キリスト新聞社、2006年。『キリスト教における生・死・復活の理解―視点としての葬送儀礼―』龍谷大学人間・科学・宗教・オープン・リサーチセンター、2012年。『宗教における死生観と超越』（共著）方丈堂出版、2013年。『サムエル記上』（訳書）日本基督教団出版局、2013年。『良心を考えるために』（共著）同志社大学良心学研究センター、2017年。『良心学入門』（共著）岩波書店、2017年など。

月本　昭男 （つきもと　あきお）

1948年生まれ。東京大学文学部卒業、同大学院人文科学研究科博士課程中退、ドイツ・テュービンゲン大学文化学部終了（Dr.Phil.）。上智大学神学部特任教授。立教大学名誉教授。

『古代メソポタミアにおける死者供養の研究』（独語）1985年。『目で見る聖書の時代』日本基督教団出版局、1994年。『ギルガメシュ叙事詩』岩波書店、1996年。『創世記』（訳書）岩波書店、1997年。『エゼキエル書』（訳書）岩波書店、1999年。『詩篇の思想と信仰』Ⅰ－Ⅵ、新教出版社、2003―20年。『古典としての旧約聖書』聖公会出版、2008年。『古代メソポタミアの神話と儀礼』岩波書店、2010年。『旧約聖書にみるユーモアとアイロニー』教文館、2014年。『この世界の成り立ちについて』ぷねうま舎、2014年。『聖書の世界を発掘する』（共著）リトン、2015年。『慈しみとまこと』（共著）リトン、2017年。『物語としての旧約聖書』上・下、NHK出版、2018年。